EXCELENTE SERVICIO AL CLIENTE EN LA COMIDA RÁPIDA.

EXCELENTE SERVICIO AL CLIENTE EN LA COMIDA RÁPIDA

Serie " Excelente servicio de atención al cliente "
Por: D.K. Hawkins
Versión 1.1 ~Abril 2022
Publicado por D.K. Hawkins en KDP
Copyright ©2022 por D.K. Hawkins. Todos los derechos reservados.

Ninguna parte de esta publicación puede ser reproducida, distribuida o transmitida en cualquier forma o por cualquier medio, incluyendo fotocopias, grabaciones u otros métodos electrónicos o mecánicos, o por cualquier sistema de almacenamiento o recuperación de información, sin el permiso previo por escrito de los editores, excepto en el caso de citas muy breves incorporadas en reseñas críticas y algunos otros usos no comerciales permitidos por la ley de derechos de autor.

Quedan reservados todos los derechos, incluido el de reproducción total o parcial en cualquier formato.

Toda la información contenida en este libro se ha investigado cuidadosamente y se ha comprobado su exactitud. Sin embargo, el autor y el editor no garantizan, expresa o implícitamente, que la información contenida en este libro sea apropiada para cada individuo, situación o propósito y no asumen ninguna responsabilidad por errores u omisiones.

El lector asume el riesgo y la plena responsabilidad de todas sus acciones. El autor no será responsable de ninguna pérdida o daño, ya sea consecuente, incidental, especial o de otro tipo, que pueda resultar de la información presentada en este libro.

Todas las imágenes son de uso gratuito o han sido adquiridas en sitios de fotografías de stock o libres de derechos para uso comercial. Para la elaboración de este libro me he basado en mis propias observaciones y en muchas fuentes diferentes, y he hecho todo lo posible por comprobar los hechos y dar el crédito que corresponde. Si se utiliza algún material sin la debida autorización, le ruego que se ponga en contacto conmigo para corregir el error.

La información proporcionada en este libro tiene únicamente fines informativos y no pretende ser una fuente de asesoramiento o análisis crediticio con respecto al material presentado. La información y/o los documentos contenidos en este libro no constituyen un asesoramiento legal o financiero y nunca deben utilizarse sin consultar primero con un profesional financiero para determinar qué puede ser lo mejor para sus necesidades individuales.

El editor y el autor no ofrecen ninguna garantía ni promesa sobre los resultados que puedan obtenerse al utilizar el contenido de este libro. Nunca debe tomar ninguna decisión de inversión sin consultar primero con su propio asesor financiero y realizar su propia investigación y diligencia debida. En la medida en que lo permita la ley, el editor y el autor declinan toda responsabilidad en caso de que la información, los comentarios, los análisis, las opiniones, los consejos y/o las recomendaciones contenidas en este libro resulten ser inexactos, incompletos o poco fiables, o den lugar a pérdidas de inversión o de otro tipo.

El contenido de este libro no pretende constituir ni constituye un asesoramiento jurídico o de inversión y no se establece ninguna relación abogado-cliente. El editor y el autor proporcionan este libro y su contenido "tal cual". El uso que usted haga de la información contenida en este libro es por su cuenta y riesgo.

ÍNDICE DE CONTENIDOS.

ÍNDICE DE CONTENIDOS. 4
INTRODUCCIÓN. 7
CAPÍTULO 1 11
QUÉ SE DICE DEL SERVICIO DE ATENCIÓN AL CLIENTE DE SU EMPRESA EN LOS RESTAURANTES DE COMIDA RÁPIDA? 11
CAPÍTULO 2 21
UN EXCELENTE SERVICIO AL CLIENTE COMIENZA CON UNA ACTITUD POSITIVA. 21
CAPÍTULO 3 28
UN EXCELENTE SERVICIO AL CLIENTE DEBE SER RESPONSABILIDAD DE TODOS. 28
CAPÍTULO 4 33
UN SERVICIO DE ATENCIÓN AL CLIENTE SUPERIOR COMIENZA CON UN SERVICIO DE ATENCIÓN AL CLIENTE SUPERIOR. 33
CAPÍTULO 5 39
LA CORTESÍA COMO SECRETO PARA RETENER A LOS CLIENTES. 39
CAPÍTULO 6 43
LOS EMPLEADOS DE LA COMIDA RÁPIDA DEBEN EVITAR LOS COMPORTAMIENTOS GROSEROS. 43
CAPÍTULO 7 50

LA IMPORTANCIA DE SELECCIONAR ALIMENTOS MÁS SALUDABLES EN SU RESTAURANTE. 50

CAPÍTULO 8 54

GESTIONAR EFICAZMENTE A LOS CLIENTES INSATISFECHOS. ... 54

CAPÍTULO 9 61

ESTRATEGIAS PARA AUMENTAR LOS INGRESOS DE LOS CLIENTES EXISTENTES. 61

CAPÍTULO 10 67

TODO LO QUE NECESITA SABER SOBRE EL SANEAMIENTO DE LOS RESTAURANTES. 67

CAPÍTULO 11 74

EL SOFTWARE DE PUNTO DE VENTA PARA RESTAURANTES GARANTIZA EL ÉXITO DEL NEGOCIO. 74

CAPÍTULO 12 78

ENTENDER LO QUE HACE QUE UN SERVICIO DE ENTREGA DE COMIDA RÁPIDA TENGA ÉXITO. 78

CAPÍTULO 13 82

LA IRRITANTE FALTA DE COHERENCIA EN EL SERVICIO AL CLIENTE. 82

CAPÍTULO 14 86

CÓMO PROMOVER UN EXCELENTE SERVICIO AL CLIENTE EN SU EMPRESA. 86

CAPÍTULO 15 90

FORMAS DE ADELANTARSE A LA COMPETENCIA EN SU NEGOCIO DE COMIDA RÁPIDA. 90

CAPÍTULO 16 100

LAS REACCIONES DE LOS ACCIDENTES INDICAN MUCHO SOBRE LA CALIDAD DEL SERVICIO AL CLIENTE. 100

CAPÍTULO 17 104

SECRETOS PARA FIDELIZAR A LOS CLIENTES DE LOS RESTAURANTES. 104

CAPÍTULO 18 110

PASOS SENCILLOS PARA MEJORAR INMEDIATAMENTE SU SERVICIO DE ATENCIÓN AL CLIENTE. 110

CAPÍTULO 19 116

LA HOSPITALIDAD EN LA INDUSTRIA DE LA COMIDA RÁPIDA ESTÁ CAMBIANDO. 116

CAPÍTULO 20 121

LOS MEJORES CONSEJOS DE ATENCIÓN AL CLIENTE DE STARBUCKS. 121

CAPÍTULO 21 126

CONSEJOS RÁPIDOS PARA MEJORAR EL SERVICIO DE LOS RESTAURANTES DE COMIDA RÁPIDA. 126

CONCLUSIÓN. 130

INTRODUCCIÓN.

Hoy en día, muchas empresas de comida rápida son casi idénticas, ya que ofrecen idénticos menús y bebidas, técnicas de marketing, conceptos publicitarios, etc. Aparte de sus uniformes, el nombre de la empresa y el emblema, lo único que les diferencia es el tipo de servicio que sus empleados son conocidos por ofrecer.

Los clientes vuelven a repetir la compra gracias al excelente servicio de atención al cliente que ofrece todo el equipo. Es el alma de cualquier negocio, independientemente de la gravedad de la crisis económica.

Independientemente de las actividades promocionales, como grandes descuentos y regalos, los clientes nunca volverán a menos que se les ofrezcan razones más permanentes y personales, como ser tratados más que un cliente que genera ingresos y beneficios.

Establecer y mantener relaciones con los clientes es bastante sencillo una vez que se sabe que los clientes evalúan a un vendedor, a un camarero y a un gerente de restaurante en función de sus acciones, no de sus palabras. ¿Cómo puede una empresa garantizar un flujo constante de clientes?

Los clientes vuelven cuando se sienten escuchados. Escuche a los clientes y lo que tienen que decir, dejándoles hablar primero y respondiendo adecuadamente con comentarios y sugerencias pertinentes, según sea necesario.

A los clientes no les gusta que les metan prisa, así que mantenga una distancia de atención adecuada que indique que está dispuesto a atenderles, pero no tan distante como para que crean que no está interesado en ayudarles.

Como las preocupaciones de los clientes son naturales, responda con prontitud y responsabilidad escuchando a los primeros y ofreciendo las disculpas oportunas cuando sea necesario. No hay nada mejor que una respuesta de disculpa a una queja que ser beligerante y ofrecer explicaciones.

Recuerde que el antiguo adagio "El cliente siempre tiene razón" es válido, ya que los clientes son el alma de cualquier organización. Dado que no se puede complacer a todo el mundo todo el tiempo, responder con prontitud a las preocupaciones ayudará sin duda a su negocio.

Eche siempre una mano, aunque no sea rentable. Los grandes almacenes, por ejemplo, están repletos de compradores de escaparate que no tienen intención de comprar. Si se les ofrece un servicio de alta calidad, hay muchas posibilidades de que lo reconsideren.

Por otro lado, el marketing sugestivo en los restaurantes de comida rápida tiene como objetivo demostrar interés, incluso durante los pocos segundos que tienen con los consumidores, y no sólo promover las ventas y los beneficios. Localizar un asiento libre para los clientes u ofrecerles la bandeja de la comida es un paso más que los clientes suelen disfrutar.

Establecer una relación con el cliente no es tan oneroso como puede parecer, ya que los clientes suelen estar dispuestos a ser complacidos. Un personal proactivo que se anticipe a las necesidades de los clientes, que esté dispuesto a hacer un esfuerzo adicional y que sonría con una voz tranquilizadora son algunas de las características básicas que motivan a los clientes a volver.

Lectura feliz.

CAPÍTULO 1
QUÉ SE DICE DEL SERVICIO DE ATENCIÓN AL CLIENTE DE SU EMPRESA EN LOS RESTAURANTES DE COMIDA RÁPIDA?

LA HISTORIA DE LA COMIDA RÁPIDA.

Se dice que la comida rápida se originó en la antigua Roma, cuando las comidas cocinadas eran fáciles de conseguir durante los juegos y las celebraciones. La comida rápida ganó popularidad tras ser reconocida por el diccionario Merriam-Webster en 1951. El sector de la comida rápida está floreciendo en algunas naciones, como la India, y crece a un ritmo del 41% cada año.

La comida rápida es un alimento que se puede conseguir fácilmente y que se suministra a los clientes con rapidez. Comenzó principalmente como un fenómeno urbano diseñado para satisfacer las necesidades de las personas ocupadas. Aunque la noción de comida rápida es bastante antigua, se industrializó y profesionalizó tras el final de la Segunda Guerra Mundial.

Entre los restaurantes más populares se encuentran los siguientes:

Castillo Blanco.

Es una de las cadenas de comida rápida más antiguas del país. Fue fundada en 1921 en Wichita, Kansas, por Billy Ingram. La empresa es conocida por ser la primera en vender mil millones de hamburguesas.

Kentucky Fried Chicken (KFC)

En todo el mundo se le conoce comúnmente como KFC. Harland Sanders lo lanzó en 1930 como un único local. Ahora tiene una presencia global. KFC es conocido sobre todo por su pollo frito, para el que la empresa mantiene una fórmula altamente patentada.

7-11.

Es otra de las principales cadenas de restaurantes de comida rápida de Estados Unidos, con unos 7.100 locales. Vende desde bloques de hielo hasta alimentos refrigerados.

McDonald's.

Dick y Mac McDonalds fueron los padres fundadores. Fundado en Estados Unidos como un autocine, ahora tiene locales en todos los continentes. Vende diversos productos culinarios, como hamburguesas, leche, café, refrescos, patatas fritas y batidos. Tiene 31.000 locales en 126 países y genera unas ventas anuales de 13.000 millones de dólares.

Aunque no todo el mundo disfruta de la comida rápida, no todos los alimentos son poco saludables. La comida basura contiene mucha grasa y contribuye a la obesidad.

La conclusión es que, independientemente de que su producto sea comida rápida, comida lenta, artículos de venta al por menor, ordenadores, cortadoras de césped, libros, bienes inmuebles o automóviles, cualquier cliente que esté dispuesto a pagarle un buen dinero por su producto o servicio merece ser tratado con gratitud y respeto, tanto antes como después de la venta. Y punto. No deja de sorprenderme la cantidad de propietarios de empresas y su personal de primera línea que parecen pasar por alto este concepto básico.

Es similar al adagio de ganarse un poco de respeto a primera hora de la mañana. Si me cortejas antes de la venta, será mejor que estés preparado para respetarme después de la venta.

El mero hecho de que tengas mi dinero y yo tu producto no indica que se hayan cumplido mis requisitos o que mis expectativas hayan dejado de existir. Al contrario, nuestra relación no ha hecho más que empezar. Lo bien que nos llevemos y lo que dure nuestra relación depende de usted.

El argumento es que el servicio al cliente no debe terminar con la venta. De hecho, el servicio al cliente DESPUÉS de la venta podría tener un mayor impacto en el rendimiento de su negocio que el servicio al cliente antes de la venta.

No hay nada que produzca más comentarios negativos sobre una empresa que un mal servicio al cliente, y nada pone más clavos en el ataúd de un negocio que un mal servicio al cliente. Las noticias sobre un mal servicio al cliente viajan a la velocidad de la luz y se propagan como un reguero de pólvora.

Piense en la última vez que se encontró con un mal servicio de atención al cliente. Estoy dispuesto a apostar que inmediatamente salió al mundo y compartió su experiencia con todos los que conoció. Es de suponer que también les dijiste que "¡nunca hagas negocios con esos &% $, o serás castigado de la misma manera!".

Como propietario de un negocio, su objetivo debería ser convertir a cada cliente en un cliente habitual. La forma más rentable y eficaz de hacerlo es proporcionar una atención al cliente excepcional cada vez que un cliente entra por su puerta.

Un servicio de atención al cliente de calidad superior genera una mayor satisfacción del cliente, lo que se traduce en la repetición del negocio y la fidelidad del cliente. Además, retener a un cliente es mucho menos costoso que adquirir uno nuevo.

Los problemas de atención al cliente son especialmente frecuentes en el sector de la comida rápida. Esto se debe principalmente a que cada transacción es una venta cara a cara, y el trabajador medio de la comida rápida es un adolescente infeliz que preferiría estar durmiendo en una cama de clavos que de pie detrás de un mostrador de comida rápida cargando patatas fritas.

Sin embargo, no siempre es así. Esto no es un anuncio de Chick-fil-A ni una crítica a Taco Bell, pero el contraste del servicio al cliente entre estos dos pesos pesados de la comida rápida es notable.

Solía visitar ambos restaurantes (la comida rápida es mi debilidad). Por lo tanto, esta es mi opinión personal. Detrás del mostrador, en el barrio, Chick-fil-A hay gente joven que parece encantada de servir. Están bien vestidos y son corteses.

No llevan sus gorras de béisbol hacia atrás ni tienen piercings visibles. Me miran a los ojos, sonríen como si no hubiera ningún otro lugar en el que prefirieran estar y piden mi pedido en un inglés sencillo y conciso. Expresan su gratitud en exceso y me invitan a volver. La atención al cliente después de la venta es excepcional.

Por el contrario, un viaje reciente a un Taco Bell local estuvo a punto de acabar en un episodio de Policías cuando la joven que estaba detrás del mostrador se enfadó cuando le señalé respetuosamente que mis nachos estaban rancios y le pedí una bolsa nueva (manía #132: nachos rancios).

La señorita Mary Sunshine me quitó los nachos, los tiró a la basura y colocó una bolsa nueva (que también estaba rancia) en el mostrador frente a mí.

A continuación, me dirigió una mirada que indicaba inequívocamente que estaría encantada de acompañarme fuera para tratarlos en detalle si tenía algún otro problema. Me gustan los nachos, pero no hasta el punto de arriesgarme a recibir una patada en el trasero por parte de una adolescente enfurecida que lleva una gorra de Taco Bell de lado. La atención al cliente después de la venta es menos que estelar.

¿Qué restaurante crees que visitaré la próxima vez que tenga ganas de alimentar a mi mono de comida rápida? Por otro lado, ¿qué restaurante crees que sugiero con entusiasmo a mis amigos? Naturalmente, el que conoce el valor de un excelente servicio al cliente antes y después de la venta.

Mi peor experiencia de servicio al cliente ocurrió al comprar un vehículo en un lote local de autos usados. Compré el Ford Expedition usado un viernes por la noche, y cuando surgieron problemas con el coche durante el fin de semana, volví al concesionario a la mañana siguiente para reunirme con el director de ventas.

Por decirlo suavemente, el gerente de ventas (que pretendía ser mi mejor amigo) no se alegró de verme el lunes.

Para abreviar la historia, cuando le señalé que no estaba siendo especialmente servicial después de la transacción, se acercó al mostrador, gritando a todo pulmón y agitando las manos en mi cara.

Cuando la recepcionista le calmó, el jefe de ventas se refirió a mí como "tonto retrasado" (lo cual puede ser redundante) y me indicó que realizara una maniobra anatómicamente imposible con el vehículo. Fue una expedición, ya que soy un hombre pequeño. Utiliza tu creatividad.

Aunque el propietario del concesionario se disculpó más tarde y se ofreció a resolver cualquier problema que me surgiera, el daño a su negocio ya estaba hecho. La desagradable máquina de zumbidos comenzó tan pronto como salí de su terreno.

¿Creen que informé a todas las personas con las que me puse en contacto sobre mi experiencia con ese concesionario? Lo hice; puedes apostar tus nachos rancios.

¿Creen que alguna vez compraré otro vehículo en ese concesionario? No en los términos de tu vida.

¿Cree usted que cualquier persona a la que haya informado de mi experiencia comprará un vehículo en ese concesionario? Lo más probable es que no.

¿Cree que el propietario y el director de ventas han adquirido algún conocimiento gracias a la experiencia? Todo lo que podemos hacer es esperar.

CAPÍTULO 2
UN EXCELENTE SERVICIO AL CLIENTE COMIENZA CON UNA ACTITUD POSITIVA.

Permítame compartir la siguiente anécdota de servicio al cliente para demostrar cómo puede superar a su competencia de forma constante y ganar consumidores.

Joy y yo hemos desarrollado la práctica de pedir comida en un determinado restaurante de comida rápida en nuestros viajes por carretera a Nueva Jersey para asistir a un programa de motivación para un cliente. Aunque la comida no es saludable, es deliciosa y es bien sabido que se hizo una película sobre las experiencias de dos personas que acudieron a este restaurante (Pista: Harold y Kumar son los dos personajes principales).

En un reciente viaje por carretera, cuando nos acercamos al restaurante, observamos que muchas de las tiendas adyacentes estaban a oscuras. Al acercarnos a la entrada del restaurante, vimos un cartel que decía: "Restaurante cerrado por corte de luz". Pedimos disculpas por las molestias". Nosotros, por el contrario, no íbamos a ser desmentidos.

Volvimos al coche y nos acercamos a la ventanilla del drive-thru, a la que llamamos. Preguntamos qué había ocurrido, y el personal del restaurante se disculpó por las molestias, explicando que una tormenta había pasado por la zona, dejando sin electricidad a su establecimiento, que estaban restableciendo.

Dijimos que habíamos viajado mucho y que teníamos por costumbre visitar su restaurante cada vez que estábamos en la región y preguntamos si podían hacer algo por nosotros. Se dirigió a sus compañeros de trabajo con una sonrisa, buscando un acuerdo sobre lo que podían hacer como equipo, y explicó, sin vacilar, lo siguiente:

* " Con un quemador encendido, podemos preparar cualquier tipo de hamburguesa para usted. ¿Qué desea?"

* " Debido a que nuestra máquina de batidos aún está congelada, podemos ofrecerle batidos de cortesía por las molestias."

* " Nuestra freidora ya está en funcionamiento, y podemos prepararle patatas fritas o aros de cebolla; ¿qué prefiere?"

Quedamos satisfechos con el servicio, ya que el personal montó nuestro pedido de forma rápida y agradable. Podría haber adoptado una actitud de "no se puede hacer", negarse a responder a nuestros golpes en la ventana, o informarnos de que estaban cerrados.

Podría haber aprovechado los daños causados por la tormenta para evitar servirnos. También demostró una actitud de "sí se puede" para captar y retener a los consumidores, independientemente de las circunstancias.

Tanto si trabajas en un restaurante como en una oficina, si atiendes a clientes internos o externos o si trabajas en un entorno de alto riesgo, los siguientes cinco importantes secretos te ayudarán a desarrollar una actitud de "sí se puede" hacia el servicio al cliente y a crear clientes recurrentes:

1. Asumir la responsabilidad personal del reto de la atención al cliente.

Cuando se presente la oportunidad de prestar un servicio al cliente, asuma la responsabilidad de elaborar la mejor respuesta posible. En lugar de responder: "No es mi responsabilidad", diga: "Veamos cómo podemos ayudarle" o "Déjeme ponerle en contacto con alguien que pueda ayudarle".

Su obligación de ofrecer un servicio de atención al cliente excepcional no termina cuando usted o la persona a la que recomendó al cliente le presta el servicio. Asuma la responsabilidad de ofrecer un servicio de atención al cliente superior.

Nota: Si delega el servicio de atención al cliente en otra persona, haga un esfuerzo adicional y haga un seguimiento del cliente para asegurarse de que ha tenido una experiencia de atención al cliente excepcional.

2. Comunicar su deseo de ayudar.

Informe al cliente de que desea ayudarle a desarrollar la mejor solución de servicio al cliente posible. Declare: "Trabajemos juntos para encontrar la mejor respuesta" o "Deje que me encargue de eso por usted".

Elimine las palabras y frases que transmiten al consumidor que no puede o no quiere ayudar, como "No puedo" o "No lo haré". Esto demuestra su preocupación por el cliente y sus necesidades. Aparte de eso, diga: "Con los recursos de que disponemos hoy, podemos" o, simplemente, "Lo que podemos hacer por usted hoy es."

3. Mantener una actitud positiva hacia los clientes.

Un excelente servicio al cliente comienza con una excelente actitud de servicio. Mantenga una actitud que demuestre su deseo de ayudar al consumidor. Esto requiere un buen lenguaje corporal, contacto visual y una sonrisa que transmita el deseo de ayudar.

4. Conseguir la ayuda de otros para desarrollar soluciones.

Cuando se trata de ofrecer un servicio superior, nadie es una isla. Esfuércese por identificar a las personas de su organización que pueden ayudarle a satisfacer las necesidades de sus clientes. Pregunte por las perspectivas de sus asociados y por cómo enfocarían el asunto. Determine también qué otros departamentos u organizaciones pueden ayudar al consumidor.

Recuerde que los miembros de su equipo no son lectores de mente; no sabrán cómo ayudarle si usted no pide ayuda.

5. Concentrarse en las soluciones.

Concéntrese en lo que puede hacer para ayudar al consumidor. A menudo, las situaciones de atención al cliente comienzan con lo negativo: lo que la persona no puede hacer o carece de recursos para hacer por el cliente. Aparte de eso, empiece por lo positivo: lo que puede hacer para ofrecer un nivel excepcional de servicio al cliente. Tómese el tiempo necesario para presentar la respuesta "sí se puede".

Tanto si asiste a clientes internos como externos, aborde la situación con una mentalidad de "sí se puede" para desarrollar una solución ganadora. Si empieza con una mentalidad de "sí se puede", acumulará los recursos necesarios para crear clientes satisfechos y que repitan.

CAPÍTULO 3
UN EXCELENTE SERVICIO AL CLIENTE DEBE SER RESPONSABILIDAD DE TODOS.

Es evidente que el servicio de atención al cliente debe empezar por la cortesía y la amabilidad. Nadie entra en un negocio esperando ser atendido de forma impecable, justa y rápida. Esto es evidente. El verdadero servicio al cliente implica mucho más.

Uno puede entrar en una empresa y ser recibido por alguien rápido, amable y simpático, pero incapaz de resolver su problema o satisfacer sus necesidades. Se va insatisfecho, independientemente de si la persona con la que entró en contacto fue agradable.

Los clientes quieren que sus preocupaciones se resuelvan de forma rápida e indolora. Si tiene hambre y entra en un establecimiento de comida rápida, una cara y una actitud alegres en el mostrador pueden ayudar a aliviar el agravante de esperar más de lo previsto.

Sin embargo, suponga que la persona más amable se equivoca en su pedido, le da el cambio equivocado o se olvida de traerle un artículo que le prometieron que le entregarían en su mesa. En ese caso, su experiencia será menos positiva y su valoración del servicio de atención al cliente del restaurante será menor que si todo se hiciera correctamente.

Un excelente servicio de atención al cliente implica mucho más que simplemente desear al cliente un buen día después de la transacción. Una empresa debe esforzarse por producir una experiencia que deje al cliente sintiéndose mejor de lo que se sentía antes de que comenzara el compromiso.

Los empleados deben estar siempre equipados con los conocimientos, la autoridad y la capacidad necesarios para atender a los clientes y producir esa experiencia. Cuando un consumidor cree que una empresa existe para servirle a él y a sus necesidades personales únicas, la empresa está en camino de proporcionar un excelente servicio al cliente y establecer una ventaja competitiva.

Toda descripción del puesto de trabajo debe incluir una sección sobre la atención al cliente.

¿Alguna vez ha sido desatendido por un empleado de la empresa porque "no era su trabajo" atenderle o atenderle?

¿Cómo se sintió al respecto? ¿Irritado?

Cualquier función en toda empresa existe para ayudar a la organización a ofrecer un servicio superior al cliente.

Sin los consumidores, una empresa fracasará, y todos los empleados, de arriba abajo, buscarán un nuevo empleo. La satisfacción y el deleite de los clientes permiten que existan puestos de trabajo, y todos deben contribuir al éxito de la empresa satisfaciendo y deleitando a los consumidores.

Los directivos deben redactar descripciones de puestos de trabajo que se centren en el trabajo y en las capacidades necesarias para desempeñarlo. Al hacerlo, hay que tener en cuenta lo siguiente "¿por qué es necesaria la tarea?"

Cada puesto debe incluir una sección sobre cómo afecta el trabajo a los clientes y las habilidades y competencias necesarias para cumplir esos requisitos. Trabajos que a veces se clasifican como funciones no relacionadas con el servicio al cliente y que, sin embargo, afectan a los clientes.

La principal responsabilidad del ama de llaves de un hotel es mantener la limpieza para que los clientes se sientan a gusto y vuelvan. La persona que supervisa la cocina debe hacer la comida para que los consumidores la aprecien y la devuelvan. Cuando un cliente contempla la posibilidad de volver o no, una camarera alegre y educada no podrá superar una cena desagradable.

Tras determinar la naturaleza del trabajo y su impacto en los consumidores, los individuos que desempeñan esos puestos deben ser contratados y recibir la formación, las herramientas, la autoridad y los recursos necesarios para servir a los clientes a través de su posición en la organización. La principal responsabilidad de todo empleado es servir al cliente.

CAPÍTULO 4
UN SERVICIO DE ATENCIÓN AL CLIENTE SUPERIOR COMIENZA CON UN SERVICIO DE ATENCIÓN AL CLIENTE SUPERIOR.

No hay nada que ponga el listón más alto para un servicio al cliente superior que un servicio de empleados superior. El otro día me acordé de esto. El gerente de un negocio de comida rápida estaba causando verdaderos estragos en un empleado, y todo en la cara de los clientes. La persona que me atendió era hosca, lenta y no parecía interesada en que mi transacción fuera bien.

Mientras me sentaba y comía mi hamburguesa con queso y patatas fritas, observé la conducta general del personal. No era agradable. Muchos paseos lentos, ninguna sonrisa, ningún intento de compromiso con el consumidor y ningún "gracias". Aunque es una de mis cadenas de restaurantes favoritas, no volveré a ese local.

¿Te has dado cuenta de cómo varía drásticamente el servicio al cliente de un local a otro?

Dejen a un lado todas las tonterías que se han dicho en las oficinas centrales. Yo sostengo que el problema comienza con el liderazgo en la tienda. Si el liderazgo de la tienda local no proporciona un servicio superior a los empleados, la calidad del servicio al cliente será inferior a lo que podría ser. Además, una compensación y unos beneficios superiores no compensan un servicio deficiente de los empleados.

Seis aspectos ayudan a definir mediante acciones lo que significa proporcionar un gran servicio a los empleados en todos los niveles de una empresa.

1 - Comienza con una cuidadosa selección. Se trata de emplear al mejor individuo para el puesto.

¿Se ha encontrado alguna vez con alguien en un puesto de relaciones públicas que simplemente no lo entendía? Todos lo hemos hecho. Si su profesión implica habilidades interpersonales y optimismo, contrate a una persona optimista. No se puede enseñar a un pesimista a ser optimista, simplemente no se puede.

A la hora de decidir si contratar al individuo atractivo con la personalidad de piedra o a la persona menos atractiva con la sonrisa lista y una buena palabra para un papel de interacción con el cliente, elige al que tiene la sonrisa lista y una buena palabra.

2 - Es inculcar las expectativas de rendimiento a través del liderazgo mediante el ejemplo. Cuando el director de una tienda saluda a cada cliente con una sonrisa y un "¿En qué puedo ayudarle?" se establece el paradigma de la conducta de atención al cliente.

Los directores que están demasiado ocupados para fijarse en sus clientes no pueden esperar ofrecer un servicio de atención al cliente excepcional Porque sus empleados, como el jefe, estarán demasiado ocupados para ofrecer un servicio excepcional.

3 - Comienza con la convicción de que cada individuo es un miembro valioso del equipo, y que a cada uno se le exige una alta calidad de servicio. Los líderes de éxito entienden que un servicio eficaz a los empleados requiere que abracen a todos y los incluyan en el equipo.

4 - Implica establecer y comunicar normas estrictas, impartir formación para garantizar su cumplimiento y exigir. Aunque las normas elevadas sacan lo mejor de las personas, también exponen lo peor. Los individuos se sienten satisfechos de formar parte de una organización así. Comunican a los visitantes que han llegado a un lugar único que no acepta el mal comportamiento.

5 - Reconoce los logros en todas sus manifestaciones. Recientemente me he sometido a una ecografía. La técnica que realizó la prueba lleva diecisiete años trabajando en su empresa. Le extirparon el apéndice dos días antes de mi examen.

Fue tan agradable y complaciente como puede serlo alguien que me proporcionó un servicio de atención al cliente excepcional.

Además, está muy orgullosa de su historial de asistencia. ¿No es eso notable? Yo creo que sí. Supongo que ella ha estado en el mismo lugar durante 17 años porque ha sido reconocida en el pasado - y ella está buscando más y lo conseguirá.

6 - Sirve como mecanismo de retroalimentación para todos. Las reuniones periódicas de "¿cómo lo estamos haciendo?", la puesta en común de los comentarios de los clientes, las recomendaciones sobre la asistencia a los clientes y la formación cruzada en muchos puestos dan como resultado un personal más cualificado e informado que proporciona un mayor grado de servicio excelente al cliente.

Medir el grado de servicio al cliente es crucial. También es vital evaluar el nivel de servicio del personal. Ambos están inextricablemente vinculados. Tenga en cuenta los seis componentes de un servicio de personal superior y evalúe el rendimiento de su organización. Si quiere mejorar el servicio al cliente, primero debe mejorar el servicio al empleado.

CAPÍTULO 5
LA CORTESÍA COMO SECRETO PARA RETENER A LOS CLIENTES.

"Sólo tienes una oportunidad para crear una primera impresión", dice el adagio. Esto es especialmente cierto en el sector de la comida rápida. En el momento en que el cliente entra en el aparcamiento, empieza a crearse una opinión sobre su restaurante. Al fin y al cabo, su opinión determina si vuelven o no a visitarlo por segunda vez.

Como propietarios o gerentes, sería sencillo si pudiéramos situarnos junto a la entrada y saludar a todos los clientes al entrar. Lamentablemente, eso no es realista. Debemos confiar en nuestro equipo para iniciar el contacto con el consumidor y mantener el respeto necesario para crear una impresión favorable e inspirar al cliente para que se convierta en un cliente frecuente.

El saludo necesario.

Las sonrisas son increíblemente contagiosas, como bien saben los profesionales de la medicina. Si su restaurante emplea a un recepcionista a tiempo completo, es más fácil asegurarse de que cada cliente sea saludado de forma agradable y con una sonrisa. Puede resultar cada vez más difícil para quienes dependen del personal de sala para dar la bienvenida y sentar a los clientes o en los establecimientos de comida rápida en los que el cajero es el primer punto de contacto.

Aunque todos querríamos creer que nuestro personal es siempre agradable y está encantado de estar en el trabajo, la realidad es que es poco probable que esto ocurra la mayoría de las veces. Sin embargo, la actitud general de su equipo puede tener un gran impacto en el estado de ánimo y la percepción de sus clientes. Haga hincapié en el valor de saludar a los clientes con una sonrisa constantemente.

Con una sonrisa.

El saludo cálido y alegre es sólo el comienzo. El mismo grado de simpatía y amabilidad debe impregnar todas las relaciones con el público. Desde la toma del pedido del cliente hasta la entrega de la cuenta, su equipo debe ser consciente del impacto que su actitud tiene en el estado de ánimo y la perspectiva del cliente.

Esto es especialmente cierto en el caso del personal de sala. Es mucho más probable que se enfrenten a la actitud negativa de un cliente, lo que hace difícil mantener un comportamiento alegre durante los intercambios.

Sin embargo, si dejan que su estado de ánimo se deteriore debido a un terrible encuentro con el cliente, todo su rendimiento se verá afectado. Como resultado, tanto la empresa como, más significativamente, sus propinas se verán afectadas.

El agradecimiento.

Casi tan importante como conocer al cliente, pero más a menudo ignorada, es la responsabilidad de darle las gracias de verdad cuando se va. Es importante expresar su gratitud por su patrocinio. Al fin y al cabo, podrían haber comido en cualquier sitio. Han elegido su establecimiento, y es importante mostrar su agradecimiento e instarles a que vuelvan.

Si un consumidor se siente valorado como cliente y es tratado con la debida cortesía durante toda su visita a su establecimiento, es mucho más probable que vuelva. Los clientes que repiten son rentables, pero también pueden ser una excelente fuente de material promocional. Una buena recomendación de un cliente satisfecho es el mejor aval posible para su restaurante.

CAPÍTULO 6
LOS EMPLEADOS DE LA COMIDA RÁPIDA DEBEN EVITAR LOS COMPORTAMIENTOS GROSEROS.

Mis amigos y mi familia llevan casi ocho años cenando en un pequeño restaurante indio de Virginia. Es un establecimiento familiar, y la pareja mayor que lo regentaba era excepcional a la hora de hacer que sus clientes se sintieran apreciados.

El restaurante estaba constantemente ocupado, con algunas personas haciendo cola para sentarse. Siempre recibían a sus clientes con una sonrisa y vestían de forma impecable. Llevaban el pelo peinado. Sus posturas eran correctas. Eran corteses y complacientes con sus clientes. Sus camareros estaban bien formados y la comida era de buena calidad.

Hace dos años, esta pareja de ancianos fue asignada a otro de sus restaurantes de Colorado que necesitaba asistencia. Fueron sustituidos por una mujer joven, un hombre joven y unos familiares, que siempre saludaban a sus clientes con una sonrisa, se vestían impecablemente, se cepillaban el pelo, mantenían una postura recta y eran amables y serviciales con sus clientes.

Siempre se aseguraban de que sus clientes estuvieran satisfechos con sus pedidos, llevándoles otro vaso de té helado o cualquier otra cosa que estuvieran consumiendo.

Una semana después de celebrar su 15º aniversario, los jóvenes gerentes del restaurante renunciaron, dejando a cargo a "dos jóvenes furiosos". Los pocos clientes del restaurante no parecían contentos. La cocina no estaba a la altura.

Uno de los "jóvenes furiosos" se acercó a nosotros y nos preguntó: "¿Va todo bien?".

Nos aterraba hablar, ya que parecía un mafioso enfurecido. Como resultado, declaramos: "¡Todo estaba bien!". Salimos del restaurante sintiéndonos bastante deprimidos por ello.

Volvimos al restaurante indio cinco semanas después. Descubrimos que los "dos jóvenes iracundos" habían desaparecido, sustituidos por la pareja mayor que había regresado recientemente de Colorado para hacerse cargo del restaurante en Virginia.

Nos alegramos mucho de verlos y les dijimos: "¿Cómo va su restaurante de Colorado?". "Va bien, ¡gracias por preguntar!", afirmaron. Una vez más, el restaurante estaba repleto de gente feliz que disfrutaba de una magnífica cocina y un excelente servicio. Expresamos nuestra alegría por verlos y tenerlos de vuelta antes de irnos.

¿Cuáles son los tres puntos más importantes que quiere que su personal recuerde sobre la prestación de un servicio de atención al cliente excepcional?

1) Su personal debe sonreír siempre, vestir de forma profesional con el pelo peinado, mantenerse erguido, mantener una actitud alegre y ser servicial y cortés con sus clientes.

2) La primera impresión es fugaz y permanente. Su consumidor debe sentirse como un visitante de honor en su establecimiento y debe ser tratado con deferencia y respeto de forma agradable y amistosa.

3) Su personal quiere que sus clientes estén satisfechos con su excepcional servicio de atención al cliente, que les ofrezcan buenas propinas y que vuelvan como clientes habituales, recomendando su negocio a sus amigos.

Recuerde que su personal es el primer representante de su empresa. Deben estar tan orgullosos del excepcional servicio al cliente que prestan que estén dispuestos a repartir su tarjeta de visita y su nombre.

¿Quién no ha ido a un restaurante de comida rápida y ha sido tratado con dureza por un empleado?

No es usted el único que ha tenido una experiencia similar en el pasado, y la mayoría de nosotros entendemos lo molesto e irritante que puede ser.

A menudo, visitamos un establecimiento de comida rápida porque estamos presionados por el tiempo, tenemos hambre o no tenemos otra opción. Desde luego, no quieres tratar con un empleado detestable. Ocasionalmente, es posible que salgas para dar un capricho a tus hijos o a tu familia, y quieres que todo sea perfecto. Por eso, un servicio desconsiderado puede restarle importancia a la experiencia.

El trato descortés también es perjudicial para el bienestar del empleado. Puede costarle su puesto de trabajo, la reputación del restaurante, un aumento de sueldo u otras recompensas, y envía un mensaje erróneo a su comunidad sobre quién es usted. Demuestra tu respeto y el de los demás evitando estos comportamientos descorteses que suelen mostrar otros empleados de comida rápida.

Los siguientes son algunos ejemplos de comportamientos irrespetuosos que el personal de la comida rápida debe conocer y evitar:

1. Saludar como es debido - Tanto si trabajas en el drive-thru como en el mostrador, dar la bienvenida a los clientes a su llegada se considera parte de la descripción de tu trabajo. Debes darles la bienvenida, pero hazlo de forma adecuada, cortés y acogedora.

2. 2. No trate al cliente como si fuera estúpido: aunque no conozca el menú tanto como usted (al fin y al cabo, usted trabaja allí), esto no significa que sea un ignorante y, desde luego, no quiere que se le trate como tal. Piensa en tus palabras antes de hablar.

3. No desprecie por completo a su consumidor- Lo siguiente más descortés que puede hacer es

despreciar por completo a su cliente. Aunque esté muy ocupado atendiendo a otro cliente o solucionando una emergencia, tómese un momento para informar al cliente de que estará con él en breve. Como mínimo, reconozca su presencia.

4. Deja de lado tu actitud: cuando un cliente te diga que te has olvidado de algo o que falta una parte de su pedido, abstente de suspirar, gruñir, resoplar y resoplar (o al menos hasta que te alejes del cliente). Ya es bastante malo que hayas estropeado mi pedido; no necesito oír tu actitud.

Hay muchas explicaciones de por qué los empleados de los restaurantes rápidos se comportan de esta manera. Como alguien que ha trabajado en estos empleos, soy consciente de que algunas de las causas son la baja remuneración, la falta de respeto por las actividades desagradables que a menudo deben realizar y el estrés asociado al trabajo duro, las largas horas y la escasa remuneración.

Aunque no hay excusa para la grosería, esto también es cierto a la inversa. Haga un esfuerzo adicional para ser amable y agradable cuando visite un restaurante de comida rápida o un autoservicio. Podría mejorar el día de un empleado, permitiéndole tener una actitud más positiva para el próximo cliente que reciba.

CAPÍTULO 7
LA IMPORTANCIA DE SELECCIONAR ALIMENTOS MÁS SALUDABLES EN SU RESTAURANTE.

Hoy en día, más personas que nunca intentan comer de forma saludable. Reconocen que los comportamientos que adoptan ahora contribuirán a su estado físico futuro. Reducirán el riesgo de padecer enfermedades del corazón y otras dolencias. También se sentirán mejor y tendrán mejor aspecto simplemente tomando decisiones alimentarias acertadas.

Sin embargo, la alimentación saludable no es algo que la gente haga sólo en casa. Se comprometen a un cambio de estilo de vida más que a un periodo de dieta. Usted puede ayudarles en sus esfuerzos presentando menús que contengan los componentes que desean. Incluso en muchos restaurantes de comida rápida, puedes sustituir las patatas fritas por una ensalada.

Los niños también necesitan opciones saludables. En lugar de patatas fritas y bebidas grasientas, pueden tomar rodajas de fruta y leche. Tómate el tiempo de informarte sobre las alternativas disponibles. En un mundo ideal, un restaurante de alta calidad mostraría esta información de forma destacada.

Una de las formas más sencillas de ofrecer opciones saludables es proporcionar varias ensaladas deliciosas. Las ensaladas con carne del chef, las ensaladas de pollo a la parrilla y las ensaladas de gambas combinan bien. Además, ofrezca aderezos bajos en calorías y en grasas. También puede considerar la posibilidad de instalar una barra de ensaladas de autoservicio.

También puede incluir opciones de comida saludable en su menú. Los clientes pueden localizar fácilmente los símbolos como un corazón colocando en ellos símbolos como un corazón. El tamaño de las porciones de las comidas en los restaurantes también parece estar aumentando. Este es un ámbito en el que las personas que hacen recortes pueden necesitar su ayuda. Considere la posibilidad de ofrecer algunos platos en raciones más pequeñas para las personas a las que no les guste tener sobras.

Salir a comer fuera no consiste únicamente en atiborrarse. El tamaño de las porciones en la mayoría de los restaurantes es enorme. Procure ser considerado con las personas que desean algo pequeño. Ofrece algunas cosas más populares en tamaños más pequeños para los adultos y los niños mayores con un presupuesto. Tus invitados agradecerán enormemente estos esfuerzos por tu parte.

Dado que muchas personas optan por cenar fuera a diario, debe asegurarse de que su restaurante pueda adaptarse a sus necesidades. Algunas personas comen fuera porque no pueden comer en casa. Esto no implica que vayan a sabotear su dieta o a subsistir a base de comida basura durante muchos días seguidos. A otros les gusta el ambiente de un restaurante relajado sin poner en peligro sus hábitos alimenticios.

Hacer que el menú de su restaurante sea más atractivo para el público en general requiere cierta planificación. Sin embargo, es un paso valiente que tiene el potencial de mejorar significativamente su volumen de clientes que regresan.

Puede estar seguro de que cada vez más restaurantes incorporarán esta ventaja para los clientes. No querrá perder tanto el negocio actual como el futuro por no haber evolucionado su oferta.

CAPÍTULO 8
GESTIONAR EFICAZMENTE A LOS CLIENTES INSATISFECHOS.

Por mucho que usted y su personal se esfuercen, no se puede complacer a todo el mundo en el negocio. Puede tener un equipo de atención al cliente altamente capacitado y un producto galardonado y aun así tener clientes insatisfechos. La mala noticia es que es más probable que los consumidores enfadados comenten sus experiencias, lo que podría suponer un desastre para su organización.

Sin embargo, hay algunas buenas noticias. Los consumidores insatisfechos que encuentran satisfacción pueden convertirse en sus más ardientes partidarios. El truco está en averiguar cómo satisfacer sus deseos para que olviden lo que causó su insatisfacción en primer lugar. He aquí algunas estrategias para lograr ese objetivo:

1) Sea un excelente oyente.

Cuando alguien se queja de nosotros, nuestra reacción natural es ponernos a la defensiva y culparnos. A menudo, empezamos a hacerlo antes de que la otra persona haya concluido su argumento. Cuando esto ocurre, podemos malinterpretar la situación, dar resoluciones insensibles o parecer insensibles a las preocupaciones de nuestros clientes.

Aparte de eso, debemos practicar la escucha paciente. Debemos mantener un enfoque de láser en el consumidor y evitar las distracciones de todo lo demás. Además, debemos prestar atención a lo que se dice, no a cómo se dice.

Incluso el consumidor más obediente está tratando de expresar una cuestión concreta; simplemente puede no ser capaz de hacerlo con tanta claridad o suavidad como otro. Al escuchar pacientemente a nuestros consumidores, podemos dar el primer paso hacia una asistencia más eficaz.

2) No permita que un cliente insatisfecho se vaya sin luchar.

El simple hecho de que alguien esté insatisfecho con su servicio o producto no significa que usted tenga que alzar las manos con desesperación y declarar: "Ahí va otro". Tome medidas inmediatas para rectificar la situación.

La mayoría de los consumidores que se quejan sólo quieren que te lo tomes en serio, que lo arregles rápidamente y que lo hagas con respeto y profesionalidad. Si puedes hacer eso por ellos, podrás arreglar la relación con éxito.

3) Resuelve el problema a su gusto, no al tuyo.

Cuando muchas empresas remedian los errores, lo hacen únicamente en su beneficio y no en el del cliente. En la mayoría de los casos esto no funciona. Permítanme ilustrarlo.

Una joven madre llevó a sus hijos pequeños a cenar a un popular restaurante de comida rápida. Debido a la diabetes de su hijo menor, pidió bebidas dietéticas para acompañar sus comidas de tamaño infantil.

Aparte de eso, recibió bebidas normales, y el azúcar adicional en la bebida hizo que su hijo tuviera que ingresar en el hospital de urgencias esa noche. Cuando se puso en contacto con ella para quejarse, el gerente le ofreció una cena de cortesía para compensar la experiencia casi mortal de su hija de dos años.

¿Qué llevó al gerente a hacer una oferta tan absurda?

Como esa fue la decisión del restaurante de gestionar las quejas de los clientes de forma rentable, fue beneficiosa para ellos, y eso fue lo único que importó.

La realidad es que los clientes tendrán distintas expectativas sobre cómo deben resolverse estos problemas: algunos querrán que se despida a un empleado o se le castigue por prestar un mal servicio, otros querrán una restitución económica y otros querrán que se les garantice que no volverá a ocurrir. La mayoría querrá una combinación de estas cosas.

Para saber cómo apaciguar a los consumidores insatisfechos, simplemente pregúnteles cómo puede arreglar las cosas y haga lo que piden (dentro de lo razonable, por supuesto). Al hacerlo, demostrará lo mucho que valora su satisfacción y patrocinio.

4) Mantener la cabeza.

Cuando los consumidores expresan su insatisfacción con nosotros, puede ser muy desagradable, más aún si nos preocupamos de verdad por su negocio. Sin embargo, podemos indignarnos tanto que no podamos tratar su problema con eficacia y perder la relación, lo cual es triste. Por lo demás, sigue estas cuatro estrategias para gestionar tus emociones:

A) Recuerde que no están despotricando ni quejándose de usted. Simplemente desean lo que han pagado. Tus consumidores no tienen ni idea de si eres un hombre de familia decente o una madre soltera con problemas; todos saben que han pagado por algo y esperan recibirlo. Por tanto, evite tomarse sus preocupaciones como algo personal.

B) Deje a un lado los pensamientos de "Si sólo" o "Qué pasaría si" - Después de un incidente, puede pasar días reflexionando sobre lo que podría haberse hecho mejor, pero esto no tiene sentido. Por mucho que lo desees, no puedes cambiarlo ahora. Aparte de eso, deberías mirar al futuro e idear estrategias para evitar que se repita.

C) Reconoce que has hecho todo lo posible. Si te sientes culpable por no haber podido complacer a un cliente descontento, puedes acallar tu conciencia si sabes que has hecho todo lo posible para rectificar la situación. Al fin y al cabo, esas personas nunca estarán satisfechas con nada de lo que hagas y no tienen importancia para preocuparse.

D) Seguir mejorando - En la vida, aprendemos más de nuestros errores que de nuestros éxitos. Por lo tanto, cada cliente descontento le proporciona una experiencia de aprendizaje que mejorará su capacidad para manejar futuras situaciones y le demostrará cómo evitar futuros errores. Es conveniente evitar que se produzcan demasiadas situaciones de aprendizaje, pero hay que aprovecharlas al máximo cuando se produzcan.

Aunque no pueda salvar todas las relaciones con estos consejos, le sorprenderá saber cuántas puede. Puede parecer un esfuerzo adicional importante, pero si se preocupa por sus clientes y su negocio, es lo mínimo que puede hacer por ellos y por usted mismo.

CAPÍTULO 9
ESTRATEGIAS PARA AUMENTAR LOS INGRESOS DE LOS CLIENTES EXISTENTES.

He aquí algunas sugerencias prácticas que han funcionado para algunas de las empresas más grandes y prominentes del mundo y que también funcionarán para la suya. Estas ideas y técnicas pueden utilizarse para aumentar rápidamente la escala de su organización y empezar a añadir beneficios a la línea de fondo de su balance.

Debe prestar mucha atención a cada una de las subcategorías siguientes.

Mejore el valor de cada venta.

Aumentar los ingresos generados por cada venta o el valor transaccional medio de cada venta. Aumentar la cantidad de dinero que gastan sus consumidores puede aportar inmediatamente entre un 30 y un 40% de beneficios puros a su cuenta de resultados. Las empresas de comida rápida ganan millones de dólares cada día empleando este método y haciendo simples sugerencias.

Entre las tácticas que emplean están las siguientes:

El up-selling no consiste en vender algo más, sino en proporcionar al comprador un tamaño o una cantidad mayor de un artículo que está comprando actualmente. El up-selling se demuestra sobredimensionando una bebida o un pedido.

La venta cruzada o la sugerencia de que los clientes compren un artículo que no querían adquirir es otra estrategia eficaz para aumentar el valor monetario del pedido. Un establecimiento de comida rápida puede utilizar esta táctica preguntando a los clientes si quieren patatas fritas con su hamburguesa y su bebida.

Empaquetar, agrupar o combinar muchas cosas y ofrecer un precio más bajo es otra técnica para convencer a los clientes de que paguen algo más y reciban un valor mayor. Este método se ejemplifica con los "Happy Meals" o "Value Meals".

Estas estrategias sólo añaden un ligero incremento al coste total de la comida. Aparte de los precios reales de los productos adicionales, ese "ligero aumento" es puro beneficio, ya que no hay costes de promoción, marketing o adquisición.

Aumentar las ventas de productos y servicios.

El objetivo de toda empresa debe ser garantizar que sus clientes y consumidores reciban la máxima cantidad de valor, utilidad, disfrute, beneficio y satisfacción de los productos y servicios que adquieren.

Supongamos que su empresa ofrece artículos o servicios adicionales que permitirán a sus clientes o consumidores maximizar los beneficios de su compra inicial. En este caso, usted les debe poner a su disposición esos productos o servicios.

Supongamos que no tiene nada más que ofrecerles. En ese caso, puede buscar fácilmente fuera de su empresa productos o servicios complementarios pero no competitivos que mejoren el valor de la compra inicial y llegar a acuerdos de empresa conjunta para poner esos productos a disposición de sus clientes.

Aumentar la frecuencia de las compras de los clientes.

Demasiadas empresas operan bajo la premisa de una venta única. Dan poca importancia a las ventas recurrentes y a las compras posteriores. Sin embargo, es aquí donde se hace el verdadero dinero. No es infrecuente que una empresa tenga pérdidas o apenas alcance el punto de equilibrio en su primera venta. A menudo es necesario realizar múltiples recompras antes de ganar dinero de verdad.

Crear y gestionar una base de datos segmentada.

Disponer de una base de datos actualizada, limpia y segmentada de todos sus clientes -pasados, presentes y futuros-, sus clientes potenciales, es una de las estrategias más eficaces para aumentar las ventas.

Cuando empiezas a hacer un seguimiento de tus clientes y de sus compras anteriores y te aseguras de mantenerlos al tanto de las ventas y ofertas especiales, de los eventos especiales y de las novedades, así como de los descuentos y promociones de los artículos que les pueden interesar, demuestras que te preocupas por ellos y les animas a hacer compras adicionales, a menudo más rentables.

Aumentar la vida media de compra de cada cliente.

Es natural que cuanto más tiempo un cliente o clienta haga negocios con usted, más productos y servicios tendrá la oportunidad de comercializar, lo que se traduce en más ingresos, y cuanto más tiempo sea un cliente o clienta y le compre, más beneficios obtendrá de los productos y servicios que adquiera, lo que se traduce en un cliente más satisfecho, lo que se traduce en mayores ingresos para usted.

A modo de ejemplo, suponga que su cliente medio permanece con usted durante cinco años antes de pasarse a otra empresa o dejar de necesitar el producto o servicio que su organización suministra.

Si esos cinco años pudieran prolongarse un solo año, los beneficios aumentarían un 20%, aunque no cambiara nada más. De hecho, sería un poco más del 20%, dado que no hay comisiones de adquisición por el año adicional, ya que es el primer año que el cliente hace negocios con usted.

Cuanto más tiempo pase un cliente con usted, más oportunidades tendrá de venderle productos o servicios adicionales y de recibir referencias de otras personas que podrían beneficiarse de los artículos o servicios que usted vende.

Si se toma en serio la idea de aumentar su negocio, tenga en cuenta las siguientes sugerencias. Se han vuelto a demostrar en innumerables negocios, una serie de industrias y casi todas las profesiones, y pueden crear la misma magia para usted y su negocio.

CAPÍTULO 10
TODO LO QUE NECESITA SABER SOBRE EL SANEAMIENTO DE LOS RESTAURANTES.

Los restaurantes se enfrentan a un reto inherente: la higiene y la seguridad alimentaria. No hay día en que no se oiga en las noticias otra historia de terror relacionada con alimentos contaminados. El Departamento de Sanidad suele cerrar restaurantes.

Incluso si las cosas no se ponen tan mal para su negocio, basta con que un repartidor se dé cuenta de un charco de suciedad en el suelo de su cocina para que comience una campaña de boca en boca negativa. Los medios de comunicación informan a diario sobre incidencias de enfermedades alimentarias, a pesar de que la industria de la comida rápida prospera.

La comida rápida parece haberse convertido en el estilo americano, y el público pide ciegamente con la idea de que la comida se ha producido en condiciones sanitarias. Desde infestaciones de bichos hasta crecimiento de bacterias, los negocios de comida rápida se enfrentan a muchas preocupaciones detrás de sus mostradores.

Las normas establecidas y aplicadas por la dirección, los inspectores y la Administración de Alimentos y Medicamentos, entre otros, son la primera línea de defensa y sólo son el principio. Si usted es el gerente, la concienciación por sí sola es insuficiente; debe estar atento para asegurarse de que todos los empleados entienden y cumplen las normas.

La translocación bacteriana es una de las causas más comunes de intoxicación alimentaria. Esto ocurre cuando los alimentos no se cocinan adecuadamente o no se mantienen a la temperatura correcta.

Con una demanda tan elevada de comida rápida, es demasiado fácil que los empleados pasen por alto sus responsabilidades en nombre del ahorro de tiempo, y antes de darse cuenta, han dado una comida que supone un peligro de enfermedad alimentaria. Las normas deben cumplirse sistemáticamente, no de forma ocasional, como ocurre a veces.

La dirección es responsable de garantizar que los empleados realicen su trabajo correctamente, y una gestión competente marca la diferencia en este intento. Es necesario supervisar de cerca a su personal para garantizar que el trabajo se realiza de forma adecuada.

Los empleados deben estar comprometidos con su trabajo y sentirse valorados para estar más dispuestos a llevar a cabo sus responsabilidades correctamente. Con demasiada frecuencia, la mala remuneración, las largas horas de trabajo y el escaso reconocimiento contribuyen a que los empleados se agoten y rindan por debajo de las expectativas. Asimismo, una formación insuficiente de los trabajadores da lugar a un desempeño ineficaz de las obligaciones laborales.

Las superficies insalubres, como los mostradores o las mesas donde se preparan los alimentos, pueden transmitir bacterias y provocar una intoxicación alimentaria. Es importante que el personal limpie lo que ensucia y mantenga una zona de trabajo impecable. Además, las bacterias proliferan en los recipientes de alimentos que no se han limpiado adecuadamente y en las existencias que no se han reciclado.

Los empleados que no se lavan las manos antes de volver a sus puestos de trabajo propagan involuntariamente gérmenes y otras infecciones. Por ello, el personal debe lavarse las manos. Todos los restaurantes de comida rápida deben tener al menos un lavabo destinado exclusivamente a lavarse las manos, debidamente etiquetado y equipado con el jabón y las toallas de papel necesarias.

Aunque el uso de guantes cuando se está en contacto con los alimentos proporciona una protección adicional, los guantes, al igual que las manos, pueden entrar en contacto con superficies y objetos sucios y deben cambiarse después de entrar en contacto con ellos.

Incluso las alimañas pueden amenazar la limpieza en los entornos de trabajo de la comida rápida, por lo que los restaurantes deben ser inspeccionados regularmente. A nadie le gusta que haya un visitante no deseado en su comida. Sin embargo, ocurre más a menudo de lo que nos gustaría creer. Si un empleado observa que una plaga entra en contacto con la comida, debe vaciar el recipiente.

Las redecillas para el pelo son una forma excelente de mantener los pelos sueltos y la caspa lejos de las comidas. Los sombreros son más a menudo la excepción que la regla, pero son menos eficaces para evitar que los pelos y la caspa entren en la comida. El pelo largo debe recogerse siempre lejos de la cara en una cola de caballo o una trenza.

Además, la generación actual debe ser educada en el hecho de que las modas extremas no tienen cabida en una cocina profesional. Las rastas, los mohawks y los afros son aceptables en varios contextos laborales, pero la cocina no es uno de ellos.

Las cocinas de comida rápida están diseñadas para la comodidad, pero no son necesariamente fáciles de limpiar. Todos los establecimientos de comida rápida deben ir más allá del deber para garantizar que los alimentos se manipulen adecuadamente.

Los clientes examinan cada vez más a los trabajadores y el entorno antes de pedir su próximo medio en su restaurante. Es posible que no puedan discernir lo que ocurre entre bastidores, pero confían en sus instintos para lo que pueden percibir.

Esta es otra razón para evitar la falta de personal. Mantenga unas expectativas razonables sobre su personal y ofrezca sesiones de formación periódicas. Incluso dedicar unas horas del día, entre las comidas, a realizar un simulacro de seguridad alimentaria con todo el equipo contribuirá significativamente a establecer prácticas de cocina saludables. También será útil pasar de vez en cuando para hacer una comprobación puntual.

Para evitar que su personal se resienta de su inspección sorpresa, llegue preparado para ayudar durante una hora aproximadamente durante el turno. De este modo, tendrá la oportunidad de dar un ejemplo positivo y aumentar la moral demostrando a los trabajadores que puede trabajar con ellos en igualdad de condiciones.

CAPÍTULO 11
EL SOFTWARE DE PUNTO DE VENTA PARA RESTAURANTES GARANTIZA EL ÉXITO DEL NEGOCIO.

Para ser un restaurador de éxito, hay que entender los aspectos fundamentales. Una ubicación favorable, un servicio superior y la satisfacción de los clientes son los principales aspectos que pueden ayudar a que su restaurante se convierta en un gran éxito entre los clientes. Con la amplitud de la tecnología que se expande cada día, ha surgido otro aspecto que proporciona un respiro a los restauradores.

El software de punto de venta para restaurantes permite gestionar los pagos, los costes, el inventario, la eficiencia del personal, las reservas y las preferencias de los clientes. Éstas son sólo algunas de las muchas razones por las que este software se ha hecho tan popular en todo el mundo en los sectores de la hostelería y la restauración.

Con los agitados horarios de hoy en día, nadie tiene tiempo para dedicarse a las operaciones manuales. Gestionar las diferentes tareas de un restaurante es una tarea ardua. Con el software de punto de venta para restaurantes, puede gestionar rápidamente las finanzas de su restaurante y otros aspectos operativos.

Aunque este software no es barato, puede reducir significativamente la complejidad organizativa y ofrecer beneficios económicos a largo plazo una vez instalado. Existe un software especializado para diversos negocios, como bares, restaurantes de comida rápida y pizzerías. Este programa simplifica su trabajo, aumentando los beneficios y las ventas de su negocio.

La presencia de este tipo de software es un indicio de un restaurante de alta calidad. Le permite gestionar todo sin esfuerzo y personalizar los patrones de trabajo y los horarios de su personal. Además, el software de punto de venta para restaurantes es ventajoso para gestionar regularmente los inventarios de entrada y las materias primas.

En ocasiones, se pasa por alto un factor crucial durante los cálculos financieros de estos inventarios. Este software le permite tener en cuenta todos los factores y gestionar su negocio con eficacia. También puede utilizar este programa para gestionar la demanda y el suministro de materias primas.

El software de punto de venta para restaurantes ayuda a registrar sistemáticamente los pedidos, ahorrando así un tiempo valioso. También puede utilizar este programa para gestionar los pedidos de entrega incluidos en las ventas del restaurante. Además, es importante elegir un software de punto de venta para restaurantes que sea sencillo de instalar y configurar. Muchos servicios de software de este tipo están disponibles en línea.

Debe localizar un sitio de confianza que venda software para restaurantes fiable y barato. Debe seleccionar un sitio web fiable y de buena reputación y hacer un pedido para uno de sus restaurantes. El software es compatible con los principales sistemas operativos, incluyendo Windows 7, Windows WePOS, XP y Vista.

Con este sistema puede proporcionar un servicio superior a sus clientes. También puede generar ganancias significativas para su restaurante mediante la instalación del software de TPV para restaurantes. El procedimiento automatizado facilita el seguimiento de las cuentas, lo que reduce el esfuerzo asociado al cálculo de gastos.

Con la ayuda de este increíble programa, puede optar por enviar las facturas a sus consumidores de forma inmediata. Esto contribuye a desarrollar una relación de confianza entre usted y sus clientes.

CAPÍTULO 12
ENTENDER LO QUE HACE QUE UN SERVICIO DE ENTREGA DE COMIDA RÁPIDA TENGA ÉXITO.

Sin duda, los servicios de entrega de comida rápida han influido en nuestra forma de consumir e incluso de pensar en la comida. En efecto, es "rápida". Han surgido muchos servicios de catering, restaurantes y proveedores para satisfacer las demandas del acelerado estilo de vida actual. La forma en que trabajamos y nos desplazamos ha afectado profundamente a la industria alimentaria, lo que ha provocado la proliferación de muchos servicios de entrega de alimentos.

Sin embargo, hay muchos destellos en esta nueva sartén, ya que no todo el mundo puede soportar el apetito requerido en este ámbito. Aunque la velocidad es un componente obvio de cualquier servicio de este tipo, hay que gestionarla dentro de la compleja ecuación de calidad y sabor que requiere un pedido de comida decente.

Los recursos y procesos de back-end son importantes para garantizar que las entregas de front-end de este servicio se produzcan sin incidentes ni aventuras.

Las rutinas urbanas acentúan la importancia de la "rapidez" en los servicios de entrega de comidas. También hay que tener en cuenta la inminente avalancha de nuevas cocinas, comida sana, comida exótica, comida gourmet, superalimentos, comida hecha por chefs y comida para llevar al trabajo.

Un servicio sólido y eficaz requerirá la incorporación de varios elementos para satisfacer las diversas necesidades de los clientes que buscan rapidez y más de estos servicios.

La logística, las operaciones y el personal contribuyen a distinguir entre un gran servicio de entrega de comidas y uno corriente. Estos servicios infunden a su oferta diversidad y estándares de calidad, pero lo hacen de una manera que entusiasma a los clientes en términos de puntualidad, estándares de servicio, atención individualizada y coherencia.

Un establecimiento de comida experimentado entiende el mercado y a sus clientes como ningún otro. Se asegura de que los consumidores reciban la satisfacción que esperan y pagan por la entrega, el trato, el precio, la higiene y la seguridad, y otras exigencias especiales.

Estas organizaciones cuentan con un modelo de proceso y una disciplina operativa rigurosos y coherentes que les permiten impregnar los altos niveles de satisfacción del cliente en todos los planos y niveles de la interfaz con el cliente y los resultados de cada compromiso.

La regulación es sólo un componente de la impartición de normas a un sector; después de todo, es requisito y prerrogativa de importantes partes interesadas en la industria de servicios de entrega de comida rápida hacer que ciertas características clave sean un requisito para cada transacción de los clientes.

Esto sólo ocurre cuando van más allá del valor internacional de un pedido, y piensan más a largo plazo y en profundidad que otros.

Ni la "comida" ni la "rápida" pueden ser sustituidas. La clave es desarrollar la receta ideal para integrar con éxito ambos sabores. Hoy en día, es más fácil seleccionar el proveedor de comida rápida preferido mediante aplicaciones. El servicio está disponible en línea y en dispositivos móviles, y los consumidores pueden pedir comida de sus restaurantes favoritos sin salir de casa.

CAPÍTULO 13
LA IRRITANTE FALTA DE COHERENCIA EN EL SERVICIO AL CLIENTE.

Hace unas semanas trabajé en un proyecto comunitario con un grupo de delegados del curso. Habíamos pasado los días anteriores reformando un aula de una escuela primaria. Después de un largo día de trabajo, estábamos agotados y queríamos comer una pizza rápida. Nos metimos todos en un par de coches y nos dirigimos a una pizzería cercana, fuera de la ciudad, donde sabíamos que ofrecían un buffet durante todo el día.

Llegamos aproximadamente a las 2:45 de la tarde, mucho después de la hora punta del almuerzo, y descubrimos que las mesas vecinas estaban llenas de desperdicios de los clientes anteriores, que había pizzas frías y poco apetecibles a la venta, y una aparente falta de atención general. Para ser justo con el personal, al final nos prepararon una pizza fresca, pero el almuerzo se había arruinado, en mi opinión.

Esto me hizo pensar en lo que me había decepcionado, y lo atribuí a lo que he denominado "una agravante falta de consistencia".

No hubo coherencia entre nuestra experiencia y la (presumiblemente, aunque no puedo asegurarlo) de los clientes del restaurante apenas unas horas antes. Supongo que las pizzas habrían sido más frescas y variadas, y las mesas adyacentes habrían estado bien dispuestas.

Tuvimos un servicio deficiente a pesar de que el restaurante anunciaba que estaba abierto las 24 horas del día, el menú era (en teoría) igual y los precios eran idénticos.

Esto me hizo pensar que si un negocio se anuncia como abierto todo el día, la experiencia del cliente debería ser la misma independientemente de si lo visita temprano, durante las horas punta o tarde.

No deberían sentirse frustrados por una experiencia inconclusa e insuficiente.

A pesar de su modelo de negocio ampliamente franquiciado, McDonald's ofrece siempre comida rápida consistente y de calidad, independientemente de la hora del día o de la noche a la que llegue el cliente.

Esto me hizo reflexionar sobre la forma en que gestiono mi negocio, y me comprometí a proporcionar el siguiente nivel de servicio al cliente:

1. Realizar bien tareas sencillas de forma consistente.

2. Mantener un alto nivel de servicio al cliente independientemente de la hora del día o de la semana. Trabajo mejor a última hora del día que a primera hora. Por lo tanto, mi reto es superar este impedimento inherente a mi rendimiento para atender sistemáticamente a todos mis clientes.

3. Garantizar que mis clientes reciban constantemente material interesante, ya sea que se pongan en contacto conmigo a través de mi blog, podcast, boletín de noticias o asistan a uno de mis seminarios telefónicos.

4. Garantizar que cada delegado del curso tenga una experiencia igual de buena, independientemente de que asista a uno de mis programas corporativos con sus colegas o a uno de mis cursos abiertos como individuo.

5. Solicitar constantemente la opinión de mis clientes para garantizar que se mantengan estos niveles de coherencia.

¿Hay otras partes diferentes de su negocio que puedan verse afectadas por esta "molesta falta de coherencia"?

¿Sus clientes son tratados con el mismo respeto y servicio independientemente de cuándo se pongan en contacto o visiten?

CAPÍTULO 14
CÓMO PROMOVER UN EXCELENTE SERVICIO AL CLIENTE EN SU EMPRESA.

Cuando se trata del servicio al cliente, estoy completamente de acuerdo. No hay nada más importante que conseguir clientes satisfechos que paguen, permanezcan y recomienden. Si actualmente no está adoptando una estrategia de servicio al cliente en su organización, creo que ahora es el momento ideal para empezar.

Así pues, ¿cómo pretende hacer que sus clientes se sientan especiales?

Hay muchas maneras de empezar a implementar estrategias de servicio al cliente en su organización, y este es el tema de este CAPÍTULO. He aquí el primer método para implantar el servicio al cliente en su empresa.

1) Construir concursos.

A todo el mundo le gusta ganar cosas, y sus clientes no son una excepción. Comience con una promoción básica informando a sus clientes de que el ganador de su concurso obtendrá un gran premio.

Su gran premio debe ser algo que sus clientes realmente deseen y que pueda marcar una diferencia positiva en sus vidas. Querrá compartir este gran premio con sus clientes simplemente para motivarlos a levantarse y participar.

El método más eficaz para llevar a cabo su concurso es en Internet. Diríjalos a la página web donde pueden participar y, una vez que todos los participantes hayan completado la tarea, sume las puntuaciones y elija un ganador.

Este es un excelente método de comunicación con sus consumidores, y reforzará su relación con algunos de ellos. Otra técnica para hacer que sus consumidores se sientan especiales es la siguiente:

2) Recuerda su fecha de nacimiento.

Sus clientes se sorprenderán si se pone en contacto con ellos el día de su cumpleaños. Nunca han recibido un "saludo" de cumpleaños ni siquiera un "gracias" de los empresarios con los que han realizado transacciones. Sin embargo, aquí es donde usted puede distinguirse.

Simplemente compre una postal, personalícela para que parezca una tarjeta de cumpleaños y envíela por correo. Incluso puede incluir un regalo de cortesía para que vuelvan a sus tiendas. Este tipo de técnica ayudará a retener a los clientes.

El enfoque final para hacer que sus consumidores se sientan especiales es el siguiente:

3) Hacer un trato con ellos.

Envíeles una carta mensual en la que se destaque la oferta del mes. Infórmeles de que pueden recibir un descuento del 20%-30% en estos productos como clientes valiosos. Haga que esta oferta sea exclusiva para su lista de clientes actuales; no la extienda a nuevos clientes potenciales.

Seguro que recibe por correo cupones de pizzerías, restaurantes de comida rápida e incluso marisquerías. Este es un excelente ejemplo de cómo los negocios utilizan el concepto de entregar una oferta exclusiva a sus clientes, y me consta que es efectivo para ellos.

Estos tres métodos para hacer que sus consumidores se sientan únicos deberían aplicarse en toda su organización. Estoy dispuesto a apostar que cuanto antes incorpore estas ideas en su negocio, más ventas generará simplemente por tratar bien a sus consumidores. Cuando necesiten un nuevo artículo, usted será la primera persona en la que piensen.

CAPÍTULO 15 FORMAS DE ADELANTARSE A LA COMPETENCIA EN SU NEGOCIO DE COMIDA RÁPIDA.

Todo propietario de un restaurante debe evaluar continuamente el rendimiento de su establecimiento de forma objetiva. Mantener una ventaja competitiva le mantendrá alerta. En este CAPÍTULO se analizan otras estrategias para obtener una buena nota de calificación.

1. Reconozca las preferencias de sus clientes y los favoritos tradicionales.

Los clientes adoran que se les haga sentir únicos. La mayoría de los comensales visitan un restaurante por la experiencia, no por la comida. Ya sabes lo que pasa cuando visitas un lugar con regularidad y se olvidan de ti o te recuerdan pero no tu nombre.

¿Cómo de único te sientes en ese caso?

Si un cliente pide la misma bebida a menudo, agradecerá que se acuerde, pero se preguntará rápidamente por qué no puede hacerlo si no lo hace. Los clientes se impresionan constantemente cuando una camarera recuerda sus preferencias o sus platos favoritos de una visita a otra.

2. Evite ser excesivamente hablador con los invitados.

Aunque conversar con los consumidores es beneficioso y se fomenta, no se debe exagerar. Aunque un camarero puede pasar más tiempo con un cliente antes de que llegue la comida, hay que dejarlo solo, salvo para comprobar si hay nuevas necesidades.

3. Considerar a los clientes como parientes y amigos cercanos.

Piensa por un momento en tu familia y amigos. Sabes que a Harry le gusta el marisco pero desprecia las ostras. Warren es un purista del whisky de una sola malta, mientras que Jenny adora el Chardonnay. Bob disfruta con una refrescante Sierra Nevada Pale Ale y desprecia el ajo. Desarrolle el mismo nivel de familiaridad con sus clientes, y dará sus frutos.

4. Mantener las tarjetas de registro.

Me gusta llevar pequeñas tarjetas de registro con información y preferencias de los clientes. En ellas se registran las preferencias y disgustos de los clientes. Contienen los cumpleaños, las fechas de los aniversarios y otra información necesaria para que el destinatario se sienta especial. Recompense a sus camareros por cada elemento que añadan a una tarjeta. Aunque a las personas les suele gustar compartir información con alguien en quien confían, evite ser demasiado entrometido.

5. Considerar las quejas como una oportunidad para corregir un problema y construir una relación más sólida.

Aceptable. Ocurre. No importa lo eficiente que seas; siempre te encontrarás con quejas.

Bill Gates siempre ha declarado que una de las fuentes de información más valiosas para Microsoft son las quejas de los clientes. Las ve como una oportunidad y las convierte en algo positivo. Del mismo modo, si se gestiona adecuadamente un problema en un restaurante, se puede convertir a esos mismos clientes en "Raving Fans". A continuación te indicamos cómo puedes conseguirlo:

6. Responder rápidamente a las quejas.

Esto demuestra que usted se toma en serio sus palabras y que es un empresario responsable. No importa cómo se presente la queja, ya sea por escrito, por teléfono, por correo electrónico o en persona. Cuanto más espere, más se enfadará el individuo, y un cliente enfadado es un cliente hablador.

7. Los reembolsos deben realizarse antes de que los huéspedes los soliciten.

Si un cliente expresa su insatisfacción con una comida o un componente de la misma, no espere a que solicite un crédito; ofrézcaselo inmediatamente u ofrézcale una alternativa inmediata. De este modo, demostrará que da importancia a su satisfacción. Si comparten la anécdota con sus amigos, usted sólo puede salir bien parado.

8. Tenga siempre presente el panorama general.

¡¡Evite quedarse absorto en las minucias!! Usted está tratando de hacer crecer su empresa y lograr un mayor éxito.

Por lo tanto, siempre que los consumidores se quejen de su comida, del servicio o de cualquier otra cosa, intente solucionar el problema a su favor, como usted considere oportuno. Los clientes siempre recordarán los restaurantes que responden rápida y eficazmente a sus quejas.

9. Sin embargo, esto es simplemente un recordatorio!

Adopto una postura contraria al dicho "El cliente siempre tiene razón". Esto se aplica si se trata de personas respetadas habitualmente o de alguien a quien se conoce y se quiere. Si ocurre, sabrás quiénes son. Sin embargo, algunas personas siempre intentarán aprovecharse de una situación si creen que pueden salirse con la suya.

En este caso, empiezo expresando mi tristeza por el hecho de que no parezcamos capaces de satisfacerles sistemáticamente. Puede ser que nuestro establecimiento no se adapte a sus necesidades. Dejaría de ser tan generoso ofreciendo créditos o sustituciones. Esencialmente, les pido que se vayan a comer a otro sitio.

Si se trata de forma adecuada y profesional, ocurre y no se convierte en un problema (para ti al menos). Lo más probable es que cualquier persona con la que hablen entienda cómo son y les haya escuchado la historia muchas veces.

10. Proporcionar ofertas especiales.

¡¡PERO ÚSENLOS CON MUCHO CUIDADO!! Esto es importante. Los descuentos excesivos pueden erosionar fácilmente la integridad de su sistema de precios. Normalmente me opongo a los descuentos, y cada vez que nuestra experta en marketing nos sugiere uno, me meto en un lío con ella.

Los descuentos, cuando se manejan con prudencia, pueden mejorar las ventas y ayudarle a hacer crecer su negocio. Sin embargo, cuando se emplean sólo con fines de marketing, pueden tener un efecto perjudicial para su restaurante. Sin embargo, en el momento adecuado, una o varias de las siguientes opciones pueden ser una opción para usted:

11. Los grupos individuales deberían recibir descuentos.

Este es un enfoque excelente para atraer a un grupo demográfico específico a su restaurante. También puede utilizarlo para demostrar su amabilidad haciendo ofertas a los clubes rotarios y organizaciones similares.

Otros grupos pueden ser instructores, estudiantes y residentes de la tercera edad, entre otros. Todo depende del tipo de negocio y del grupo demográfico al que sirve. Puede restringirlo a días u horas específicas.

12. Hay que crear cupones.

Aunque esto es más adecuado para los lugares de comida rápida, también puede ser bastante eficaz en los establecimientos de alta cocina. Los cupones suelen utilizarse para atraer a nuevos clientes a un negocio.

Regalar una comida gratis o a un precio reducido con la compra es siempre un éxito. También puede ser útil ofrecer café, postres o aperitivos de cortesía. Además, al presentar la cuenta, puedes ofrecer descuentos para futuras visitas.

Los descuentos sólo deberían estar disponibles en determinadas épocas del año. Esto contribuye a que las épocas tranquilas sean un poco más concurridas. También podrías vender algunos productos y hacer crecer tu negocio durante estos periodos, aunque a menor escala.

Descuentos en sobres sorpresa. Esto puede ser un poco divertido. Presente un sobre cerrado junto con la factura. Sus clientes se verán gratamente sorprendidos con un descuento en su próxima visita, boletos de lotería, pasteles o cafés de cortesía, o cualquier otro incentivo que considere aceptable. Son agradables para todos los implicados, sorprendentes y sencillos de preparar.

Acepte cupones de la competencia. Esto es sencillo de hacer, ahorra dinero en impresión y atrae la atención. También puede robarles clientes. Es aconsejable determinar qué cupones son los más productivos en general.

13. Distribuir bebidas de cortesía en horarios aleatorios.

En los momentos más lentos, haz que las cosas se muevan introduciendo inesperadamente bebidas gratuitas o con descuento. No lo hagas todos los días y, por supuesto, elige varios momentos.

14. Establecer una conexión estratégica con un cine local u otras formas de entretenimiento.

Salir a cenar y ver un espectáculo o una película es una excelente combinación. Por eso, ¿por qué no colaborar con el cine de su barrio u otras formas de entretenimiento?

Sólo tienen que presentar su entrada. Tal vez extiendan el trato a sus consumidores también. La cartelera de sus películas puede obtenerse en el bar o previa solicitud.

Por lo tanto, examine su programa para ir un paso por delante de la competencia y otras estrategias para ir un paso por delante.

CAPÍTULO 16
LAS REACCIONES DE LOS ACCIDENTES INDICAN MUCHO SOBRE LA CALIDAD DEL SERVICIO AL CLIENTE.

Considera que eres el gerente de un establecimiento de comida rápida.

Una madre y su hijo pequeño entran a comer. A mitad de la cena, el niño derrama su bebida, ¡dejando un enorme desorden!

¿Qué es lo primero que deben hacer los miembros de su equipo, que están bien formados?

¿Limpiar el suelo?

¿Y sustituir la bebida?

No, si valora a sus consumidores y su reputación de ofrecer un servicio de atención al cliente superior.

Para empezar, atienda a la madre. Le esperan la vergüenza social, la vergüenza personal, un niño decepcionado y un buen dinero tirado en el suelo. Diga, con una sonrisa sincera: "No se preocupe. Esto ocurre a menudo".

Asegúrele que el derrame se limpiará rápidamente y que se le enviará una bebida de reemplazo de inmediato. Esto mejorará significativamente la percepción del cliente sobre la calidad de su servicio.

En segundo lugar, tranquilice al niño. Su mente puede estar llena de arrepentimiento o tristeza por la bebida y de preocupación (incluso de terror) por la reacción de su madre. Responda usted con alegría, con una mirada alegre: "¡Bueno, los accidentes ocurren!". Indícale al niño que no pierda de vista a tus "trabajadores del servicio" mientras limpian el derrame. "Y, por cierto, ya está en camino una bebida nueva para ti".

En tercer lugar, ordena el caos. Sus expertos en servicio deben trabajar con rapidez y con evidente orgullo para mostrar su dedicación a un servicio al cliente de alta calidad.

En cuarto lugar, cambie la bebida. Sin embargo, traiga una bebida de sustitución que sea una talla más grande que la del pedido original. O bien, si la bebida derramada ya era una "grande", traiga una guarnición de patatas fritas o un trozo encantador de la tarta.

Para aumentar la calidad del servicio al cliente, dale algo inesperado, algo extra, algo que recordará con gratitud mucho después de que se haya olvidado el derrame.

"Sin embargo", haces una pausa. "¿No empezará todo el mundo a derramar bebidas si una persona recibe este servicio excepcional?". En una palabra, no.

Si los demás clientes observaran desde el principio (como todo el mundo cuando una bebida cae al suelo), se sentirían tan aliviados como la madre y el joven. Lo único que aumentará es su reputación de ofrecer un servicio excepcional al cliente, no la cantidad de bebidas derramadas!

Puntos de aprendizaje significativos.

Cuando las cosas vayan mal, ponga a las personas en primer lugar y a las cuestiones técnicas en segundo lugar. Sus prácticas deben convertir a los clientes insatisfechos en ardientes defensores. Usted gana cuando sus consumidores ganan.

Pasos a seguir.

Realice una revisión de sus protocolos de recuperación de servicios. Establecer una conexión personal positiva a través de la calidad del servicio profesional al cliente como primer punto de la lista.

CAPÍTULO 17 SECRETOS PARA FIDELIZAR A LOS CLIENTES DE LOS RESTAURANTES.

Considere cuánto mejorarían sus ventas y ganancias si cada cliente volviera una sola vez más cada semana o mes. Aumentaría sus ventas en un 50%. Aumentar la frecuencia de las visitas de su clientela actual es más fácil de lo que cree.

Esto se debe, en parte, a que, a diferencia de un cliente potencial que nunca ha cenado en su restaurante, un cliente actual ya ha experimentado su cocina y su servicio y, por tanto, tiene un mayor nivel de confianza en usted.

He aquí siete formas de retener a los clientes.

1. Utilizar vales para los "invitados rechazados."

Piense en una noche en la que esté tan ocupado que se vea obligado a rechazar a la gente en la puerta. Naturalmente, este es el sueño de todo propietario de un restaurante, ya que se traduce en grandes ingresos. Sin embargo, su deseo puede hacerse realidad en detrimento de los desafortunados clientes que no pueden conseguir una mesa.

En lugar de despedirlos con las manos vacías, proporcióneles un vale para algo gratuito o un descuento en su próxima visita. Recuérdeles que llamen con antelación para asegurarse una buena mesa en su próxima visita.

2. Reconocer y recompensar las referencias.

La gente rara vez hace algo gratis en el mundo actual, pero cuando los consumidores hablan de su restaurante, le están haciendo un servicio sin pedir nada a cambio. Puede sorprenderles reconociendo sus esfuerzos.

Envíeles un vale para una comida gratuita, un cupón de descuento, una tarjeta V.I.P (que les da derecho a sentarse inmediatamente) u otro símbolo de su agradecimiento. Es más probable que el cliente corra la voz en el futuro.

3. Enviar notas de agradecimiento por correo.

A todo el mundo le gusta oír "gracias" de vez en cuando, así que cuando un consumidor hace algo bueno por su negocio, asegúrese de expresar su gratitud. Referir a nuevos clientes y traer a grandes grupos son sólo dos razones para enviar un mensaje de agradecimiento personalizado a un valioso huésped.

4. Incorporar los rebotes.

Un certificado de rebote es algo que se entrega a los clientes durante su primera visita para animarles a que vuelvan a hacerlo. Por ejemplo, si un cliente hace un pedido para llevar, puede incluir un certificado de devolución en su comida.

También puede emplear los certificados de devolución para atender las pequeñas quejas de los clientes o para disculparse con los clientes que se niegan a esperar en las noches de mayor afluencia. Sus certificados pueden incluir algo gratis, un porcentaje de descuento o algún otro incentivo para animar a los clientes a volver a su establecimiento.

5. Participar en el Juego de la Continuidad.

¿Te has preguntado alguna vez por qué las comidas infantiles de los negocios de comida rápida son siempre tan populares? Una de las razones es que los niños disfrutan coleccionando todos los juguetes que vienen con las comidas. También puede utilizar esto en su beneficio cuando trate con adultos.

Por ejemplo, podría colaborar con una editorial para crear una serie de libros de recetas en cinco volúmenes. Después de cada comida para cenar o para llevar, sus clientes recibirían uno de los cinco libros. Los clientes deben cenar en su restaurante cinco veces para obtener la serie completa.

6. Permitir que los clientes den su opinión.

¿Quién mejor que un cliente real para decirle lo que está haciendo bien y lo que debe mejorar? Comuníquese con ellos y solicite sus útiles comentarios.

Utilice cuestionarios, buzones de sugerencias y tarjetas de comentarios para solicitar opiniones. No se preocupe; solicitar las recomendaciones de los clientes no los disuadirá. De hecho, mejorará su fidelidad al demostrar que te preocupas por la calidad de su experiencia gastronómica.

7. Establezca un club de comensales habituales.

Un club de comensales habituales incentiva a los comensales para que vuelvan a su restaurante con más frecuencia y eviten cenar en otro lugar. Incentiva a los clientes para que vuelvan a menudo. Por ejemplo, algunos restaurantes proporcionan a los clientes una tarjeta con sellos por cada compra.

Una vez que la tarjeta está llena de sellos, el cliente recibe una cena de cortesía. Tus clientes estarán dispuestos a esperar más tiempo por una mesa y a recorrer una mayor distancia si creen que recibirán comida gratis.

CAPÍTULO 18
PASOS SENCILLOS PARA MEJORAR INMEDIATAMENTE SU SERVICIO DE ATENCIÓN AL CLIENTE.

He aquí cinco pasos sencillos de enseñar que tendrán un efecto significativo en su Servicio de Atención al Cliente. Muchos de los pasos parecerán evidentes. Es que suponemos que todo el mundo posee lo que coloquialmente se llama "Los Fundamentos".

Estoy aquí para informarle de que necesita ¡DESPERTAR! Y antes de que sea demasiado tarde, huele el café.

1. Enséñeles el arte de la sonrisa. Lo sé; parece demasiado simplista, ¿verdad?

¿Por qué tendría que recalcarlo?

Viajo por este grande y hermoso mundo y continuamente obtengo un servicio superior cuando estoy sonriendo. Siempre sé cuando estoy a punto de recibir un servicio inferior a la media cuando no me saludan con una sonrisa.

Hace una GRAN diferencia en el entorno actual, más rápido, menos agradable y descortés.

Lo de sonreír puede no parecer muy científico. Simplemente absténgase de sonreír a sus clientes durante unos días y observe los resultados. Reconozca que se trata de un aspecto importante de la percepción. Cuando la gente nos sonríe, consideramos que la experiencia ha sido significativamente mejor, aunque haya sido mediocre.

Hace poco cené en un restaurante de Bellingham, Washington, por decirlo suavemente, ordinario. No era horrible, ni tampoco espectacular; era simplemente correcto. Normal.

Sin embargo, si me preguntaran qué me pareció ese restaurante, diría que fue fantástico. Basado en la interacción de mi camarera y su cociente de sonrisas. Fue extraordinaria. Las sonrisas mejoran el sabor del plato y hacen que el servicio sea más agradable.

2. Diríjase a ellos por su nombre.

Para nuestros oídos, es el sonido más sorprendente. Nuestro nombre de pila: Cuando alguien hace un esfuerzo por saber de nosotros, nos sentimos tremendamente agradecidos y respondemos adecuadamente. Incluso en un entorno de atención al cliente de ritmo rápido, como un restaurante de comida rápida o una tintorería, siempre volveremos a un lugar que conozca nuestro nombre.

Es bastante sencillo de conseguir. Preséntate y pregunta por su apellido. Dice lo siguiente: "Soy Leonard y es un placer conocerle. ¿Cuál es su nombre de pila?". Ha sido difícil, ¿verdad? El truco es el siguiente. Concéntrate en su nombre y en el color de sus ojos o en una prenda de vestir que te ayude a recordarlo.

Si trabajas en un restaurante, preséntate, pregunta su nombre y, cuando le entregues el pedido, colócalo delante de él y dile: "María, este plato te va a encantar". Vigila que tus propinas aumenten.

3. Exposición de cortesía.

Utiliza el lenguaje que aprendiste de niño. Contienen las frases "Por favor", "Gracias", "¿Puedo ayudarle?" y "¿Cómo le va?". "¿Hay algo más que pueda hacer por usted hoy?" y "¿Cómo ha sido su experiencia de servicio hoy?".

La cortesía abarca más que simples palabras. Trabajé en un concesionario que daba importancia a cosas como acompañar al cliente hasta el artículo solicitado, limpiar el lavabo con una toalla de papel después de cada uso y presentar la mejor cara posible al cliente, entre otras cosas que demostraban su compromiso con la experiencia de servicio.

4. Pregunte sobre la utilización y la experiencia del cliente con su servicio de atención al cliente.

En lugar de preguntar "¿Cómo ha sido nuestro servicio hoy?", que obtendrá un "Oh, ha estado bien" como respuesta, pregunte "¿Cómo calificaríamos el servicio que le hemos prestado hoy en una escala del 1 al 10?". (La pregunta "Específica" es la que da resultados.) Pregunte adecuadamente.

Puede recibir respuestas mucho más interesantes si sigue con la pregunta "Concretamente, ¿cómo podría hacer que fuera un diez a sus ojos?" por cada respuesta que no sea un diez.

5. Invitar al cliente a volver.

La manera adecuada. Todo está en la presentación. "Ha sido un placer verles hoy y espero volver a verles. Si recuerda algo que podríamos haber hecho mejor, llámeme al 111-111-1111 y pida hablar conmigo directamente".

Si eso es demasiado largo, sustitúyalo por " es mi nombre de pila. Tenga la amabilidad de solicitarme cuando vuelva". Incluso puede decir: "Ha sido un honor atenderle. Tenga la amabilidad de volver y preguntar por mí".

He oído en alguna parte que los problemas más difíciles a los que se enfrenta nuestra sociedad suelen resolverse con las respuestas más sencillas. He aquí cinco pasos sencillos que puedes dar inmediatamente.

CAPÍTULO 19
LA HOSPITALIDAD EN LA INDUSTRIA DE LA COMIDA RÁPIDA ESTÁ CAMBIANDO.

Los restaurantes de comida rápida están cambiando la forma en que la gente ve su sector. No lo están haciendo ampliando la superficie de su restaurante, la selección de su menú o incluso ofreciendo alternativas más saludables a la comida rápida tradicional. Lo consiguen gracias a un excepcional servicio al cliente impregnado de hospitalidad.

Los establecimientos de comida rápida están empezando a reconocer que las comidas rápidas ya no son suficientes para la mayoría de los clientes.

¿Qué le viene a la mente cuando piensa en el servicio prestado en un restaurante de comida rápida?

Suele ser la imagen de un empleado con exceso de trabajo y actitud apática que cierra la ventanilla frente al cliente, despreocupado por si el consumidor vuelve o no. Casi con toda seguridad, el consumidor no lo hará. Sin embargo, esto no será así durante mucho tiempo.

El primer paso para cambiar esta percepción del cliente es ofrecer un servicio de atención al cliente superior. Cuando un cliente hace un pedido en un restaurante, el empleado debería simplemente sonreír y hacer contacto visual para indicar que tiene la atención del cliente. A continuación, deben centrarse en desarrollar una relación con cada cliente.

Cuando se les pregunta por su ropa, su estado de ánimo ese día o incluso el tiempo que hace, los clientes se sienten bienvenidos e importantes. Es muy sencillo, pero funciona.

Actualmente vivimos en una sociedad en la que la tecnología ha limitado significativamente la cantidad de comunicación uno a uno que tiene un individuo. Aunque la tecnología ha avanzado mucho en el mundo de los negocios, ninguna empresa quiere que sus clientes se sientan alejados de ella.

Los seres humanos tienen un impulso innato de sentirse deseados y anhelados, que los quioscos de pedidos informatizados no pueden satisfacer. Aunque estas máquinas pueden entregar al cliente la comida que desea, carecen de la conexión emocional que los clientes requieren.

Los clientes pueden desear un menú amplio con una gran variedad de opciones o incluso una televisión en sus cabinas. Sin embargo, lo que realmente desean es sentirse valorados y aceptados en el establecimiento.

En un reciente evento sobre hostelería, el experto en hostelería Peter Goode destacó que el 30% de los clientes de los restaurantes vienen por la cocina, mientras que el 70% lo hace por el servicio.

Teniendo esto en cuenta, los restaurantes de comida rápida no pueden seguir funcionando con el mismo nivel de apatía que antes.

En la misma sesión se reveló otra cifra alarmante, como se ha mencionado anteriormente. El 68% de las veces, un consumidor deja de hacer negocios con una organización debido a la actitud indiferente de un empleado.

Lo que es aún más aterrador es que sólo el 4% de esos clientes informarán a la organización de su experiencia negativa, pero se lo contarán a 9 de cada 10 de sus amigos. Esta charla desfavorable acabará por cerrar un negocio y llevar a los clientes a un establecimiento más acogedor.

Así pues, ¿cómo pueden las empresas evitar la pérdida de consumidores, involucrar a sus trabajadores en la atención al cliente y establecer una reputación de gran servicio al cliente? La respuesta es sencilla: empezar por la humildad.

A menudo, la atención de una organización se centra en lo incorrecto: en sí misma. Cuando el objetivo principal de una organización es el beneficio y el interés propio, sus empleados adoptarán la misma mentalidad egocéntrica.

Los restaurantes deben reconocer que sin el cliente, no hay negocio, y por lo tanto la atención debe estar siempre en el cliente. Si un negocio comienza con el simple propósito de satisfacer al cliente, el resto se acomodará. La humildad necesaria para ello surge de una actitud de priorizar las demandas del cliente sobre las propias.

CAPÍTULO 20
LOS MEJORES CONSEJOS DE ATENCIÓN AL CLIENTE DE STARBUCKS.

¿Por qué Starbucks crea tanto revuelo entre sus clientes? ¿Qué hace que sea tan popular entre el público que se ha escrito un libro de memorias titulado "Cómo Starbucks me salvó la vida", convirtiéndola en una de las empresas más comentadas y de mayor éxito de la historia?

La respuesta es un servicio de atención al cliente excelente y de primera clase. Esa es la esencia de la diferenciación de Starbucks en comparación con el resto de baristas o trabajadores de comida rápida de otras empresas de alimentación y bebidas.

Aunque no soy un devoto de Starbucks, he sido un usuario frecuente de muchos establecimientos de café en todo el país y doy fe de que la tripulación de Starbucks proporciona un servicio al cliente superior y entusiasma a sus clientes.

Por lo tanto, ¿qué pueden aprender las empresas de generación de leads y los centros de contacto de telemarketing sobre la atención al cliente de los baristas de Starbucks?

El placer del cliente debe ser el objetivo principal de su personal. Los empleados de Starbucks priorizan constantemente las necesidades de sus clientes y trabajan en colaboración para alcanzar esos objetivos.

Recuerde que la colaboración de los miembros permite que los clientes tengan una gran experiencia. ¿Hasta qué punto es eficaz su organización a la hora de reunir a las personas para atender a los clientes y a los clientes potenciales?

Distribuya regalos y muestras. Ofrecer muestras gratuitas demuestra su orgullo por la calidad de sus artículos. Especialmente si hay una nueva promoción, es raro entrar en una tienda en ese momento y no recibir una muestra gratuita.

¿Qué está dando gratis para demostrar el valor que puede aportar a los clientes potenciales de su empresa? ¿Quizás un libro electrónico o un libro blanco gratuito?

Los baristas de Starbucks están familiarizados con los nombres de sus clientes. Saben sus nombres y también un poco sobre sus vidas. El Caramel Macchiato no es sólo la transacción 539. La bebida preferida de Liz. El Venti Signature Hot Chocolate no está reservado para el camarero. Es un regalo para Cody.

¿Conoce los nombres de sus clientes potenciales?

Aparte de sus nombres, ¿qué más sabe sobre la vida y los negocios de sus clientes potenciales y clientes B2B?

Los empleados de Starbucks no sólo conocen el nombre de Liz; también saben que es una profesora jubilada de San Francisco a la que le gusta la jardinería como hobby. Los empleados de Starbucks están familiarizados con Cody más allá de su nombre; saben que es propietario de una empresa de construcción, que tiene una hija de 11 años y que le gusta jugar al golf los sábados.

¿Cómo lo está haciendo?

¿Cuánta información tiene sobre sus clientes potenciales y clientes?

Rectificar los errores. Además de aceptar la responsabilidad, los empleados de Starbucks se apresuran a corregir sus errores. Por ejemplo, si hacen esperar a los clientes durante mucho tiempo, no basta con una disculpa, sino que también les dan cupones para bebidas.

Si una bebida se prepara de forma incorrecta, la volverán a preparar sin más discusión. ¿Cuánto tiempo y con qué rapidez se corrigen los errores? Cuando se trata de la atención al cliente, la rapidez con la que se resuelve un problema es importante. Aunque se da por sentado que todos cometemos errores de vez en cuando, lo que marca la diferencia es la rapidez con la que los subsanamos.

CAPÍTULO 21 CONSEJOS RÁPIDOS PARA MEJORAR EL SERVICIO DE LOS RESTAURANTES DE COMIDA RÁPIDA.

En este CAPÍTULO se analizan algunas de las recomendaciones más importantes para mejorar el servicio de atención al cliente de su restaurante.

Personal de servicio.

El personal de atención al público debe tener una actitud agradable, y ésta es la característica más importante que deben buscar los gerentes de restaurantes a la hora de contratar. Una actitud positiva hacia los clientes es necesaria para cualquier carrera que requiera vender algo a alguien. Sin embargo, esto es muy diferente porque uno es directamente responsable de la comida de la gente, algo que entra en su cuerpo.

Los clientes, en general, no confían en el personal que muestra actitudes negativas. ¿Ha visto alguna vez imágenes de circuito cerrado de televisión del personal de un restaurante escupiendo o comportándose mal con la comida de un cliente?

Los clientes no deben preocuparse si un miembro del personal se pone furioso con ellos al hacer peticiones. Si bien es cierto que algunos clientes son unos completos imbéciles, esto no es en absoluto una excusa para esperar al personal. Tener una buena memoria también puede ser ventajoso.

Limpieza.

Sin duda, la limpieza general de su restaurante tiene un papel importante en el servicio que presta. El ambiente también es importante. Los clientes siempre esperan que la comida que compran y el servicio que reciben valgan su dinero.

Los restaurantes de comida rápida suelen tener la excusa de estar un poco desordenados, pero no los establecimientos de calidad en los que uno se sienta y espera a que le sirvan la comida.

¿Volverías a un restaurante con las mesas, el suelo, la vajilla y el personal sucios? No lo haría, ya que asumo que el establecimiento es antihigiénico y la comida está sucia. Mantenga un entorno limpio dentro de su restaurante, y no olvide limpiar las instalaciones, especialmente el fregadero.

Servir la comida.

Es ideal para servir las comidas cuando aún están calientes. Asegúrese de que todas las comidas llegan a tiempo para una mesa. La gente se sentirá fatal si recibe sus comidas primero, ya que tendrá que esperar al resto de sus pedidos. Luego, cuando el resto del grupo reciba su comida, se sentirán fatal porque las comidas servidas antes están ahora frías.

Los cocineros deberían poder atender todos los pedidos de una misma mesa al mismo tiempo, que es como suelen funcionar los restaurantes. Naturalmente, hay razones legítimas para servir la comida a distintas horas.

La gente sale a comer con otros. Por lo tanto, es natural que sus comidas se sirvan al mismo tiempo. Sin embargo, los platos principales deben servirse simultáneamente para toda la mesa.

¿Es el menú fácil de leer y comprender?

A los clientes no les gusta que el menú les deje perplejos. Tampoco quiere que su personal de sala se quede perplejo con el menú. Deben ser capaces de recordarlo con facilidad para responder a las preguntas de los clientes. Asegúrese de que su menú sea atractivo, ordenado y bien organizado. Por lo general, los clientes recordarán cómo se presentan sus menús.

CONCLUSIÓN.

La comida rápida ha crecido en popularidad en los últimos años, debido en gran medida a nuestro ritmo de vida acelerado. La comida se prepara entre los tiempos de viaje o los horarios agitados. Los individuos deben comer dentro de los límites de sus agitados horarios.

La comida rápida ha llegado para quedarse, al igual que la vida rápida. Como resultado, la comida rápida sirve como un excelente relleno entre una comida abundante y una frugal. Sin embargo, ¿has pensado alguna vez en la comida rápida saludable?

Aunque los productos de comida rápida se presentan en diversas formas atractivas, los consumidores exigen ahora que sean saludables. Mientras que un adicto al trabajo prefiere la comida rápida a las comidas tradicionales por falta de tiempo, ahora exige opciones más saludables.

Los comensales se abstienen de las comidas pesadas o copiosas y agradecen la oportunidad de comer comida rápida saludable. El sabor de la comida rápida atrae a los niños pequeños. La comida rápida saludable tiene el efecto de crear apetito en los más pequeños.

La comida rápida saludable no requiere tanto tiempo ni es tan elaborada como la comida convencional. Aunque las materias primas básicas de la cocina tradicional, los condimentos y los ingredientes son los mismos, las cantidades relativas de especias pueden variar para adaptarse al gusto y la comodidad de cada uno. Dado que la comida picante puede no ser apropiada para los más jóvenes, las comidas rápidas nutritivas también pueden ser de sabor suave.

Por otra parte, una persona a la que sólo le guste la cocina picante puede hacer que los productos alimenticios saludables se modifiquen adecuadamente para evitar que sean insípidos. La comida rápida saludable también ayuda a mejorar las habilidades culinarias básicas, y uno puede expresar fácilmente su creatividad a la hora de seleccionar salsas y acompañamientos.

La comida rápida saludable tiene otra característica única que contribuye a su enorme popularidad entre el público. Se pueden mezclar o clasificar según su contenido calórico, su contenido nutricional y sus cualidades digestivas.

Los aderezos y acompañamientos son abundantes y pueden personalizarse para adaptarse a los gustos individuales. Así, los efectos posteriores pueden controlarse fácilmente. A menudo, los restaurantes lanzan nuevas ofertas como parte de sus esfuerzos promocionales para crear combinaciones y paquetes atractivos para niños y adultos por igual.

Muchas franquicias de comida rápida y restaurantes ofrecen la posibilidad de hacer pedidos en línea de diversos artículos de comida rápida. La entrega es puntual y las condiciones de pago son flexibles.

Además, puede descubrir comida rápida nutritiva y adaptada a las preferencias chinas o italianas. Todo lo que tiene que hacer es elegir sabiamente los condimentos y aderezos; puede consumir menos grasas y calorías a la vez que más proteínas y salud.

Habilidades de gestión para directivos.

1. Gestión del tiempo para directivos
2. Coaching de empleados para directivos
3. Creación de equipos para directivos
4. Confianza en sí mismo para directivos
5. Habilidades de negociación para directivos
6. Habilidades de atención al cliente para directivos
7. Asertividad para directivos
8. Etiqueta empresarial para directivos
9. Habilidades de escucha para directivos
10. Habilidades de liderazgo para directivos
11. Habilidades de comunicación para directivos
12. Habilidades de presentación para directivos
13. Gestión del estrés para directivos
14. Toma de decisiones para directivos
15. Gestión de conflictos para directivos.

Serie: Libertad financiera a cualquier edad.

- Lograr la libertad financiera a los 20 años
- Conseguir la libertad financiera a los 30 años
- Conseguir la libertad financiera a los 40 años
- Conseguir la libertad financiera a los 50 años
- Conseguir la libertad financiera a los 60 años
- Alcanzar la libertad financiera a los 70 años y más.
- Conseguir la libertad financiera en los niños
- Lograr la libertad financiera en los adolescentes
- Lograr la Libertad Financiera en los estudiantes universitarios.

➢ Estafas financieras a tener en cuenta en la jubilación.

Serie: Finanzas personales para usted.
➢ Compra y venta de criptomonedas para principiantes
➢ Por qué tiene sentido invertir en acciones de dividendos.

Serie: Riqueza 2022.
1. Emprendimiento en línea.
2. Empezar tu propio negocio
3. Gestión de la riqueza
4. Ingresos pasivos.
5. 12 pasos para iniciar su propio negocio.

Biografía del autor

D.K. Hawkins A D.K. le gusta leer libros de negocios personales, así como pasar tiempo al aire libre. Más libros vendrán en esta colección, así que por favor siga en Amazon para más libros.

Gracias por su compra de este libro.

Honestamente lo aprecio y te aprecio a ti, mi excelente cliente.

Que Dios le bendiga.

D.K. Hawkins.

www.ingramcontent.com/pod-product-compliance
Lightning Source LLC
Chambersburg PA
CBHW050006230526
45465CB00003BB/1288